# 儲かる経営改革

**CD-ROM付き**

## 総務・事務の電子データ活用法

採用から退職までの実務ノウハウ

税理士・社会保険労務士・行政書士
**玉井 徹**

社会保険労務士
**髙田 孝之** 共著

社会保険労務士
**新井 美和**

イマジン出版

# はしがき

　この本は、人事総務部門の現場で、労働・社会保険や給与計算を担当している人に仕事のポイントをわかりやすく解説したものです。

　労働・社会保険、給与計算、諸届など総務事務は、どんな事業を営む会社でも必ず行われる重要な仕事ですが、煩雑な上に、申請や申告、届出など、時間に追われているのが実態です。一部、先進的な会社では、給与計算の基礎ともなる従業員名簿や賃金台帳の整理は、電子データ化がずいぶん進んでいます。ところがこれまでは、せっかくの電子データを手書きで書き写すといった非効率的な作業が、関係諸官庁への申請・申告・届出事務にはつきものでした。

　しかし、2003年には、電子政府を目指す我が国では、インターネットを利用して電子データで、申請・申告・届出がいつでもできるようになります。

　これを機会に、人事総務の事務の効率化をはかり、企業の発展に結び付けてみたらいかがでしょうか。

　社会保険労務士などの専門家の皆様から、1人で事務を行っている小企業の経営者まで、この一冊で、飛躍的に時間や手間がはぶけ、正確な事務管理が可能になる秘訣を簡単にわかるように執筆しました。

　今から準備を行えば十分間に合います。

　儲かる企業の基礎づくりに事務作業の効率化は不可欠です。一日も早く、この本をマスターしていただき、現在より儲かる企業への変身を進めてください。

2002年10月<br>
執筆者代表<br>
玉井　徹

# 目　次

## はしがき

## 0. 電子申請 ……………………………………………… 13
- 0－1. 電子政府に備える ……………………………… 14
- 0－2. 現状を把握する ………………………………… 15
  - ・総務事務の効率化 ……………………………… 17
- 0－3. 電子申請でこんなことができます
  - ・電子データの活用例
  - ・給与計算をデータで残しているなら
- 0－4. 電子申請に向けてのヒント …………………… 19
  - ・今あるデータベースの整理
  - ・チェック1
  - ・チェック2

## 1. 従業員を雇い入れる ………………………………… 21
- 1－1. 新入社員受け入れ準備（労働者名簿／就職手続連絡票の作成） 22
- 1－2. 社会保険に加入する …………………………… 26
  - ・社会保険（健康保険・厚生年金保険）の資格取得届の作成
    - 💿 被保険者資格取得届　　💿 被扶養者（異動）届
- 1－3. 労働保険に加入する（雇用保険資格取得届の作成）…… 30
  - 💿 雇用保険被保険者資格取得届
- 1－4. 電子データで届け出る ………………………… 32
- 1－5. 電子データを活用する ………………………… 38
  - 💿 資格取得証明書　💿 雇入通知書　💿 前職源泉徴収取り寄せ依頼書

4

| 1－6．社会保険に加入できる人、できない人 …………… | 42 |
| 1－7．雇用保険に加入できる人、できない人 …………… | 46 |

## 2．労働保険料を計算する …………… 49
| 2－1．労働保険料の概要 ………………………………… | 50 |
| 2－2．概算保険料①（継続事業）②（有期事業）………… | 52 |
| 2－3．労働保険の年度更新（概算・確定保険料申告書作成）…… | 57 |
|    ◎労働保険　概算・確定保険料申告書 | |
| 2－4．電子データで届け出る ………………………… | 59 |
|    ・応用編　社労法務システムの紹介 | |
| 2－5．賃金総額の見込額が概算申告額の2倍を超えた場合 … | 65 |
|    ■労働保険　増加概算保険料申告書 | |

## 3．社会保険料を計算する …………… 67
| 3－1．社会保険の概要 ………………………………… | 68 |
| 3－2．社会保険料（標準報酬月額）………………………… | 71 |
| 3－3．標準報酬月額の届出を電子データで届け出る …… | 74 |
|    ◎健康保険・厚生年金保険　被保険者報酬月額算定基礎届 | |
|    ■報酬月額変更届 | |
| 3－4．社会保険料を計算する …………………………… | 82 |
| 3－5．賞与等が支払われたとき ………………………… | 88 |
| 3－6．その他の注意事項 ………………………………… | 92 |

## 4．毎月の事務手続　給与計算を行う …………… 97
| 4－1．労働保険・社会保険に必要な賃金データ ……… | 98 |
| 4－2．賃金台帳を作成する ……………………………… | 100 |
| 4－3．給与計算をおこなう　電子データで管理する …… | 108 |

　　　　　◎給与支払明細書　◎月別賃金一覧表
4－4．源泉所得税の対象となる賃金 ……………………… *116*
4－5．毎月の控除 ……………………………………………… *118*
　　　　　◎離職証明書コンピューター作成承認申請書

## ▌5．年末調整 ………………………………………… *121*
5－1．年末調整はなぜおこなう ……………………………… *122*
5－2．年末調整の事務手順 …………………………………… *124*
　　　・年末調整の手順図

## ▌6．退職の手続 ……………………………………… *133*
6－1．退職の手続の前に知っておきたいこと ……………… *134*
　　　　　◎身元保証契約書
6－2．退職後の社会保険（手続） …………………………… *140*
　　　　　◎退職手続に必要なこと
6－3．退職の手続（健康保険・厚生年金保険） …………… *144*
　　　　　◎健康保険・厚生年金保険　被保険者資格喪失届
6－4．退職の手続（雇用保険） ……………………………… *146*
　　　　　◎離職証明書　◎資格喪失届
6－5．退職の手続（電子データで管理する） ……………… *152*
　　　　　◎源泉徴収票の送付について　◎資格喪失連絡票
　　　　　◎退職後の保険について

## ▌7．不定期に発生する事務手続 …………………… *157*
7－1．育児休業を取得するとき ……………………………… *158*
　　　・育児休業基本給付金支給申請書
　　　・育児休業者職場復帰給付金支給申請書
　　　・健康保険・厚生年金保険　育児休業取得者申出書

・育児・介護休業規程（例）
7－2．雇用保険の被保険者が60歳に到達したとき ……………… *167*
　　　　◉60歳到達時賃金証明書
　　　　■高年齢雇用継続給付支給申請書
7－3．新たに事業所を設立した場合 ……………………………… *171*
　　　・社会保険（強制適用事業所・任意適用事業所）
　　　・労働保険（強制適用事業・暫定任意適用事業）
7－4．継続事業が労働保険料の納付を一括したい場合 ………… *177*
　　　　■労働保険　継続事業一括申請書
7－5．中小事業主等が労災保険に特別加入する ………………… *179*
　　　　■特別加入申請書
7－6．データの活用（社労法務システムの紹介）……………… *181*

# 付録 CD ROM の使い方 …………………………………… *183*

# 索引 …………………………………………………………… *8*
　事項別・月ごとの総務事務 …………………………………… *8*
　不定期に発生する総務事務 …………………………………… *10*

# 著者紹介 ……………………………………………………… *197*

# 事項別・月ごとの総務事務

## ■4月

従業員を雇う …………………………………………………… **22**
 1－1 新入社員受け入れ準備 ………………………… **22**
   ・労働者名簿、賃金台帳の作成
   ・提出物の確認　・・・就職手続連絡票
 1－2 社会保険に加入する場合 ……………………… **26**
   ・社会保険（健康保険・厚生年金保険）の資格取得届
   ・標準報酬月額の決定（被保険者資格取得届）
   ・被保険者に被扶養者がいる場合（被扶養者異動届）
 1－3 労働保険に加入する場合 ……………………… **30**
   ・労働保険（雇用保険）の資格取得届

## ■5月

労働保険の年度更新 …………………………………………… **50**
 2－1 労働保険料の概要 ……………………………… **50**
 2－2 概算保険料 ……………………………………… **52**
 2－3 労働保険の年度更新 …………………………… **57**
 4－1 賃金総額から除かれるもの …………………… **98**

## ■6月

賞与が支払われたとき ………………………………………… **88**
 3－5 賞与等支払届（平成15年3月31日まで）

## ■7月

新しい標準報酬月額の見直し（平成14年度まで8月） ……… **74**
　3－3　定時決定（被保険者標準報酬月額算定基礎届）
　　・定時決定から除外される人

給与に著しい変動があった場合 ……………………………… **78**
　3－3　随時改定（被保険者報酬月額変更届）

## ▌10月(平成14年度まで11月)

定時決定による新しい社会保険料の徴収（9月分の社会保険料）

## ▌12月

年末調整 ……………………………………………………… **122**
　5－1　年末調整の目的 ……………………………………… **122**
　5－2　年末調整の事務手順 ………………………………… **124**

## ▌毎月

事務手続
　4－3　賃金台帳の作成 ……………………………………… **108**
　3－2　社会保険料とは ……………………………………… **71**
　3－4　保険料を計算納付するときの事務手続 …………… **82**
　　・保険料の計算
　　・納付方法

# 不定期に発生する総務事務

## 退職したとき ……………………………………………… 140
- 6－2　退職後の社会保険（手続）……………………………… 140
- 6－3　退職の手続（社会保険）………………………………… 144
  - ・被保険者資格喪失届
  - ・資格喪失後継続療養受給届
  - ・健康保険任意継続被保険者資格取得申請書
- 6－4　退職の手続（雇用保険）………………………………… 146
  - ・雇用保険被保険者資格喪失届
  - ・離職証明書

## 育児休業を取得するとき ………………………………… 158
- 7－1　健康保険・厚生年金保険　育児休業取得者申出書
- 7－1　育児休業給付金（育児休業者職場復帰給付金）
  - ・雇用保険被保険者休業開始時賃金月額証明書

## 従業員が60歳に達したとき ……………………………… 168
- 7－2　雇用保険被保険者60歳到達時賃金月額証明書
- 7－2　高年齢雇用継続給付金（高年齢再就職給付金）

## 従業員が70歳に達したとき ……………………………… 144
- 6－3　厚生年金保険被保険者資格喪失届

## 社会保険に関する手続 …………………………………… 170

　　　　　　　　～新たに事業所・支店を設立、保険に加入する場合
7 － 3　強制適用事業所 ………………………………………… ***171***
　　　　　・健康保険・厚生年金保険　新規適用届
7 － 3　任意適用事業所
　　　　　・任意包括被保険者認可申請書・任意適用認可申請書

# ■ 労働保険に関する手続
　　　　　　　　～新たに事業所・支店を設立、保険に加入する場合
7 － 4　強制適用事業 ……………………………………………… ***177***
　　　　　・保険関係成立届（雇用保険被保険者資格取得届）
7 － 4　暫定任意適用事業
　　　　　・労働保険任意加入申請書
7 － 6　事業主、一人親方等が労災保険に加入する場合 ……… ***181***
　　　　　・特別加入申請書
7 － 5　支店、営業所等の保険関係を一括して扱う場合 ……… ***179***
　　　　　・労働保険継続事業一括申請書
2 － 5　賃金総額の見込額が概算申告済額を大幅に増えた場合 … ***65***
　　　　　・増加概算保険料申告書

不定期に発生する事務　11

## 0-1 電子政府に備える

### 電子政府の実現

　1997年12月「行政情報化推進基本計画」が打ち出され、電子政府の実現に向け政府は大きく動き出しました。1999年12月のミレニアム・プロジェクト（電子政府実現プロジェクト）では、インターネットを利用した行政手続きの基本的しくみを、2003年までにつくる旨を発表しています。

　すでにご存じの方もいらっしゃるでしょうが、平成14年6月から、これまで一定の条件を満たした会社だけに認めていた「フロッピーディスクでの申請」も広く行えるようになりました。

　さらに、厚生労働省ではホームページや電子メールを利用して、時間外労働・休日労働の届出（３６協定届）、就業規則届など5つの申請書の実証実験も行っています。

### 電子申請に向けたスケジュール

|  | 平成13年度 | 平成14年度 | 平成15年度 10月 |  |
|---|---|---|---|---|
| 厚生労働省 | 設計／開発／試験 |  | 一部運用 | 本番運用 |
| 社会保険庁 |  | 設計／開発／試験 |  | 本番運用 |
| 旧労働省 |  | 設計／開発／試験 |  | 本番運用 |

## 0-2 現状を把握する

### Q&A

**Q1** すでに、フロッピーディスクでの申請を行っているとのことですが、具体的に、どんな届出が認められていますか？

**A1** 次の5つの届出です。
「健康保険・厚生年金保険の被保険者資格取得届」
「健康保険・厚生年金保険の被保険者資格喪失届」
「健康保険・厚生年金保険の被保険者報酬月額算定基礎届」
「健康保険・厚生年金保険の被保険者報酬月額変更届」
「厚生年金保険の被保険者住所変更届」

「仕様書」や「作成プログラム」等は、社会保険庁のホームページから無料でダウンロードできます。

今後は、「フロッピーディスク申請」と「インターネット申請」の事務効率を比較する必要もあるでしょう。いずれにしても、今あるデータを活用することで届書が作成できますから、これを利用しない手はありません。とくに、算定基礎届のような大量の届出を行う際は、手作業での処理と比較して、処理時間の差に愕然とされることでしょう。

**Q2** 今も手作業で処理をおこなっています。現状維持でも大丈夫と思っているのですが？

**A2** 法改正により、届書の提出時期が重なることも視野に入れてください。

平成15年4月から総報酬制の導入が予定されています。今までは、賞与については会社全体の支払総額を届け出れば済みました。今後は算定基礎届のように、個人ごとに賞与額や保険料を届け出ることになるでしょう（詳細　P91）。さらに、気になる動きもあります。算定対象月の変更に伴い、算定基礎届の提出時期（従来は8月10日）も1月早まることになります。7月10日となりますと、夏の賞与の届出と重なることもあり得るのです。

## 総務事務の効率化

Aさん　社会保険や労働保険の書類が、窓口に行かなくても提出できるようになるんですって？

Bさん　そうなんです。2003年にはインターネットを利用して、申請・申告・届出の書類がいつでも提出できるようになります。

　社員名簿や賃金台帳は電子データで保存していますから、これは便利になりそうです。
　何より魅力的なのは、申請様式に書き写す作業がなくなることです。データと記入事項の照らし合わせは、慌ただしい日常の業務とは別に切り離した時間が必要でした。

　コンピュータを出力だけに使うのは、少し惜しい気がします。今ある情報を関連づけて、コンピュータに自動入力、自動計算させることも可能です。例えば、「同じデータを何度も入力している」ことはないですか。「保存データを呼び出し、最後は電卓で別計算している」なんてことも実はよくあることです。蓄積されたデータを上手く活用すれば、最低限の入力で、ダイレクトに提出書類が作成できます。

　せっかく、電子申請が認められるのです。コンピュータを大いに活用したいですね。コンピュータを活用すれば届出にしても、窓口までの往復の時間や待ち時間もなくなりますし自分の都合の良い時間に行えます。事務改善として提案するのもいいかもしれません。今までの事務処理を見直す価値はありそうです。

## 0-3　電子申請で、こんなこともできます

　従業員を雇い入れるとまず、「労働者名簿」を作成します。最近は、電子データ管理をしているケースが多いようですが、住所録や個人データの蓄積だけで終わらせていることはありませんか？この際今までの事務作業を見直してみましょう。

### ▍電子データの活用例

→　社会保険・労働保険の各種届出では、被保険者の氏名・住所・保険番号等の項目をそのまま連動させます。
　　（住所・氏名等の変更も、ホストデータさえ修正すればそのまま対応）
→　年齢により加入する保険が違います。被保険者に含める人・除く人は、年齢検索で即判別（例：来年4月1日に65歳以上の人は誰？）。検索の条件に該当した人を対象に、各届出等を作成することも容易です。
→　年齢に応じた保険料率を計算し、自動的に新しい保険料率で徴収・納付します。
注・誕生日が月初めの人：誕生日の前日が○○歳に達した日とされます。すると、その月（誕生日月の前月）分から保険料率は変更します。保険料の徴収・納付は翌月です。

### ▍給与計算をデータで残しているなら

→　算定基礎届はもちろん、月額変更届の対象者を自動ピックアップ。データによる届出が可能です。
　　（固定的賃金の変更が生じた場合は、変更があった従業員のその後3か月間の給与をチェックします。標準報酬月額に2等級以上の変更が生じていれば、随時改定の対象としてアラームします。P79,80,81参照）

→ 入職時の賃金等を入力すれば、簡単に、雇用保険の資格取得届が作成できます。

→ 退職時における、雇用保険被保険者離職証明書の作成も簡単。
(離職日以前の賃金支払い状況も、賃金データから自動入力できます)

→ あらかじめ、被扶養者情報を入力しておけば、被扶養者の健康保険異動届はもちろん、所得税の計算、家族手当、年末調整まで連動させて自動計算されます。このように、被扶養者の増減情報の登録だけで、したいこと、し忘れてはならないことが各シーンで、自動的に行えるようにすることは、とても大事なことです。

→ 労働保険料も、対象者の賃金データで保険関係ごとに自動計算できます。

→ 労働保険関係の異なる部署への異動でも、瞬時に選り分け、新たな保険関係の料率で計算。

→ 労働保険(年度更新)の資料作成も簡単。
(労働者ごとに支払った賃金の集計表、保険関係ごとに集計した保険料も一覧表示)

# 0-4 電子申請に向けてのヒント

## 今あるデータベースの整理

　労働保険・社会保険のいずれの保険料も従業員の給与に応じて計算されます。書類には、従業員の住所はもちろん、その家族に関する事項も必要です。

　まず、電子申請に向けて必要となる情報を洗い出しましょう。その際に、次の2点もチェックしてください。

## チェック1
### データの繰り返し入力を行なっていませんか？

　一度作られたデータベースは、更新・修正といった維持管理が必要です。いたずらに多くのデータベースを抱えることは避けましょう。

　例えば、人事業務には、従業員の職歴など個人データの管理があります。給与計算に関する事務処理や各種保険の事務処理もあります。これらの業務ごとに固有のファイルをもち、別々にデータ処理をしていたならそのコストは膨大です。もしも修正漏れがあったなら、データベースごとの一貫性がなくなる危険もあるわけです。

　業務全体の流を視野に入れて、今ある情報を活用してみてください。

**個人データ　総務関係業務処理の流れ**

| 個人(従業員)情報 | | | |
|---|---|---|---|
| 組織情報 | → 個人台帳 → | 健康保険 | → 社会保険 |
| 年金・個人情報 | | 厚生年金保険 | |
| 住所情報 | → 給与計算 → 賃金情報 → | 雇用保険 | → 労働保険 |
| 家族情報 | | 労災保険 | |
| 職歴情報 | | 年末調整 | → 所得税 |
| 給与情報 | | | |

### チェック2
**複数のデータベースを使用する場合には、あらかじめルールを定めていますか？**

　コンピュータで個人のデータを処理する際、一般的には個人の氏名でデータを識別する訳ではなく、個人毎に設定した識別用のコードを基にデータを取り出すような仕組みになっています。この識別コード(個人コード)が異なっていれば、データベース上にある同じ人のデータも別の人のデータとして取り扱われてしまいます。

　データを整理する際には、全てのデータベースでこの個人コードを統一しておくことが重要です。個人コードを統一することにより断片的に存在するデータを簡単に統合したりデータの必要部分のみを抜き出すことが簡単にできるようになります。従って、将来起こり得るデータベースの統合や、データのマッチング、検索においても効率的に処理することができるでしょう。

# 従業員を雇い入れる

## 1-1 新入社員受け入れ準備

### 労働者名簿／就職手続連絡票 の作成

新らたに従業員を迎えたなら「労働者名簿」を作成します。労働者名簿は、労働者が退職した後も3年間保存しなければなりません。名簿の作成・保存は、法人・個人経営を問わず、労働基準法により事業主に義務づけられています。

### 労働者名簿（日々雇い入れられる者を除いて、以下の内容を記入します）

労働者の氏名／生年月日／性別／住所／雇入の年月日／履歴（学歴・職歴）／従事する業務の種類（常時30人未満の労働者を使用する場合を除く）／退職の年月日及びその事由（解雇の場合はその理由も含む）

### 労働保険・社会保険の適用事業所の場合

あなたの会社が、労働保険や社会保険の適用事業所なら（P 171,173参照）、保険加入の手続も必要です。

社会保険では、従業員だけでなくその被扶養者に関する書類も提出します。住民票や在学証明書は、被扶養者と認められるために必要な提出書類の1つです。

保険加入の手続は、従業員の環境ごとに違うため、実は少々複雑です。とはいえ、「健康保険証」など入職後すぐに必要になることもあります。合理的な事務作業はもちろんですが、これから働く職場の印象にも繋がるはずです。適切でスムーズな案内を心がけましょう。

そこで、あらかじめ2つの書類を新入社員に渡しておきます。「就職手続に必要なこと」と「入社時申告書」です。

**CD-Ⅰ-2頁　就職手続きの案内**

就職手続に必要なこと

_____様

平成 14 年 9 月 11 日

株式会社日本シャーロック
TEL 053-456-7890

　このたび貴殿が当事業所に就職されるにあたって，下記の事項で該当することがあれば，至急お手配のうえ，3日以内に提出して下さい。

記

1. 社会保険に加入したことのある方はオレンジ色の年金手帳（厚生年金被保険者番号の記載されたもの）。
紛失された方は再交付に必要な事項を別紙に詳細に書き入れて下さい。
2. 雇用保険に加入したことのある方は雇用保険被保険者証。紛失された方は上に同じ。
3. 通勤届及び車輌通勤に関する届を提出して下さい。（別紙）
4. 給与を銀行振込で受け取ることを希望される方は所定の用紙に記入して提出して下さい。
5. 年の中途で就職される方で，本年中に他の事業所に勤務されていた方は，別紙の源泉徴収票を，前の勤務先事業所に渡して必要事項の記入を依頼して，出来次第提出して下さい。
6. 源泉所得税に関する扶養控除等申告書は扶養家族がなくても提出して下さい。
7. 扶養家族のある方で次に該当する方を健康保険の被扶養者とする場合は所定の手続が必要ですから，それぞれの書類を整えて下さい。
　(1)「ねたきり老人等」：健康保険老人保健障害認定該当届を添付します。
　(2) 収入がある被扶養者：扶養控除等申告書に詳しく記入して下さい。
　(3) 高等学校，大学または各種学校に在学中：高等学校，大学は申告書に記入し，各種学校については在学証明書。
　(4) 義務教育年令をこえた長期療養者等：身体障害者は手帳提示。その他は，その状態のわかる医師の診断書又は証明書。
　(5) 年令が60才に達しないが夫と死（離）別している母：扶養事情証明書。
　(6) 夫と死（離）別している女子被保険者の被扶養者の届出：扶養事情証明書。
　(7) 直系尊属，配偶者及び子以外の3親等内の親族（兄，姉，伯父，叔父など）：世帯全員の住民票の写し及び民生委員又は事業主等の扶養事情証明書。
　(8) 別居している父母または弟妹：被保険者との身分関係を明らかにする書類及び仕送りなどの事実を明らかにする民生委員又は事業主等の扶養事情証明書。
　(9) 請求中の年金が裁定された方や雇用保険の失業給付，傷病手当金等を受給し始めた方：年金証書，雇用保険受給資格者票，傷病手当金支給決定通知書等の写。
　(10) その他特別な事情があるとき：世帯全員の住民票の写し及び民生委員又は事業主等の扶養事情証明書。
8. 就職直前，厚生年金の老令（又は通算老令）年金を受給していた方は年金証書。

注）① 健康保険の被扶養者として認定されたのち，就労（臨時，パートを含む）などにより収入が生じたとき，進学や卒業などによりその扶養の事実関係が変ったとき，または年金の裁定を受けたとき，失業給付・休業補償・傷病手当金・出産手当金等を受給し始めたときには再認定の手続が必要ですから，すみやかに申し出て下さい。
② 源泉所得税の扶養控除の対象となる方が年間を通じて所得（勤労，事業，農業，その他）が一定額以上となる場合も「源泉所得税に関する扶養控除等申告書」の異動届が必要です。

社会保険労務士　東　京　太　郎

# 入社時申告書

 CD-Ⅱ-Word（02-6） 入社時申告書

| 入社時申告書 | | | | ※には記入しないで下さい |
|---|---|---|---|---|
| ※ 入社年月日<br>平成　年　月　日 | ※ 書込依頼年月日<br>平成　年　月　日 | ※ 受領年月日<br>平成　年　月　日 | ※ 入力年月日<br>平成　年　月　日 | ※ 入力担当者氏名 |

**本人欄**

| ふりがな | | 性別 □男 □女 | 生年月日　年　月　日生 |
|---|---|---|---|
| 氏　名 | | | 配偶者の有無　□なし　□あり |
| 住所〒 | | | |
| TEL | 緊急連絡先氏名 | | TEL |

**扶養家族について書き込んで下さい**

| | 氏　名 | 生年月日 | 続柄 | 健保対象者 | 源泉対象者 | 居住 同／別 | 必要書類 |
|---|---|---|---|---|---|---|---|
| ① | | | | | | | |
| ② | | | | | | | |
| ③ | | | | | | | |
| ④ | | | | | | | |
| ⑤ | | | | | | | |
| ⑥ | | | | | | | |
| ⑦ | | | | | | | |
| ⑧ | | | | | | | |

**別居住所等**

年の中途で就職された方で、前職の所得がある場合本年度就職直前までの源泉徴収票を取り寄せて下さい。

**前職**

| 事業所の名称 | TEL |
|---|---|
| 事業所〒住所 | |

| 公的年金に加入したことの有無 | □ 無 → 新規手続<br>□ 有 → 年金手帳の有無　□ 有 → 提出　□ 無 → 要再交付手続 |
|---|---|
| 雇用保険に加入したことの有無 | □ 無 → 新規手続<br>□ 有 → 雇用保険被保険者証　□ 有 → 提出　□ 無 → 要再交付手続 |

**基礎年金番号不明**

| 再交付に必要な被保険者証 | □ 年金手帳　記号　　番号 | □ 雇用保険被保険者証 |
|---|---|---|
| 事業所名称 | | 退職年月日 平成　年　月　日 |
| 事業所住所 | | |

過去に社会保険に加入したことのある方で、基礎年金番号不明の方は、最初に加入した事業所を下欄に記入する。

24

# 従業員名簿　兼　個人別記録台帳

 CD-Ⅰ-12頁　従業員名簿　兼　個人別記録台帳

1-1　新入社員受け入れ準備

# 1-2 社会保険に加入する

## 社会保険（健康保険・厚生年金保険）の資格取得届の作成

　社会保険の適用がある会社に就職すると健康保険や厚生年金保険に加入します。保険に加入することを被保険者の資格を取得するといいます。

> ・従業員が転入したときも「資格取得届」が必要。
> 　資格取得届は従業員が転入したときも提出します。社会保険は事業所を単位に適用するため、同じ会社内でも、A支店からB支店に転勤すると、A支店の被保険者の資格を喪失し、B支店の資格を取得するのです。

**いつ**　社員を採用したとき、事務所が強制適用事業所になったとき、任意適用加入の認可があったとき、転入社員があったとき
**提出期限**　資格を取得した日から5日以内
**どこに**　社会保険事務所、健康保険組合　又は厚生年金基金団体
**届出**　健康保険・厚生年金保険 被保険者資格取得届
**添付書類**
・　既に、社会保険に加入していた人・・・年金手帳
　→　紛失している場合は、「年金手帳再交付申請書」
・　70歳未満で年金を受けている人は・・・年金証書
・　被扶養者があるときは、被扶養者届（P 28参照）

**ポイント**　誰でも社会保険に加入できるわけではありません。（P42参照）

## 被保険者資格取得届の入力例

### CD-Ⅰ-3頁　健康保険・厚生年金保険被保険者資格取得届

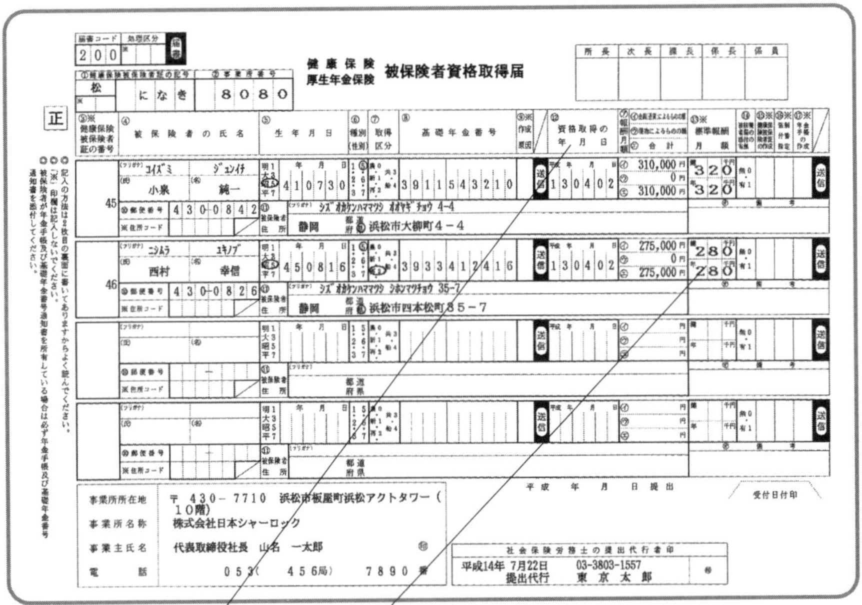

健康保険
厚生年金保険　被保険者資格取得届

| 届書コード | 処理区分 |
|---|---|
| 200 | ※ |

| ①健康保険被保険者証の記号 | ②事業所番号 |
|---|---|
| 松 になき | 8080 |

| 所長 | 次長 | 課長 | 係長 | 係員 |
|---|---|---|---|---|
| | | | | |

正

| ③※健康保険被保険者証の番号 | ④被保険者の氏名 | ⑤生年月日 | ⑥種別（性別） | ⑦取得区分 | ⑧基礎年金番号 | ⑨※作成原因 | ⑫資格取得の年月日 | ⑦報酬月額 ①金銭通貨によるものの額 ②現物によるものの額 ③合計 | ⑬※標準報酬月額 |
|---|---|---|---|---|---|---|---|---|---|
| 45 | （フリガナ）コイズミ ジュンイチ（氏）小泉（名）純一 | 昭5 410730 | 5 | | 3911543210 | | 平成 130402 | ① 310,000円 ② 0円 ③ 310,000円 | 健 320千円 年 320千円 |
| 46 | （フリガナ）ニシムラ ユキノブ（氏）西村（名）幸信 | 昭5 450816 | 5 | | 3933412416 | | 平成 130402 | ① 275,000円 ② 0円 ③ 275,000円 | 健 280千円 年 280千円 |

| | ⑩郵便番号 | ⑪被保険者住所 |
|---|---|---|
| 45 | 430-0842 | （フリガナ）シズオカケンハママツシ オオヤギチョウ 4-4　静岡 県 浜松市大柳町4－4 |
| 46 | 430-0826 | （フリガナ）シズオカケンハママツシ シホンマツチョウ 35-7　静岡 県 浜松市四本松町35－7 |

◎記入の方法は2枚目の裏面に書いてありますからよく読んでください。
◎「※」印欄は記入しないでください。
◎被保険者が年金手帳及び基礎年金番号通知書を所有している場合は必ず年金手帳及び基礎年金番号通知書を添付してください。

平成　年　月　日提出　　受付日付印

| | |
|---|---|
| 事業所所在地 | 〒 430－7710　浜松市板屋町浜松アクトタワー（10階） |
| 事業所名称 | 株式会社日本シャーロック |
| 事業主氏名 | 代表取締役社長　山名　一太郎　㊞ |
| 電話 | 053（456局）7890番 |

社会保険労務士の提出代行者印
平成14年 7月22日　03-3803-1557
提出代行　東京太郎　㊞

［標準報酬月額］
資格取得時決定（P71参照）

［資格取得の年月日］
雇用された日が入力されます

# 被扶養者(異動)届の作成

健康保険に加入するときは「被扶養者届」も忘れてはなりません。

健康保険は、従業員本人の傷病だけでなく家族の傷病についても保険給付がなされます。「被扶養者」と認定されると、保険料を納めなくてもケガや病気に備えられるのです。

「被扶養者届」は加入時はもちろん、その後、扶養の事実が生じたときに提出することもできます。

いつ　加入時に被扶養者があるとき、結婚したとき、子が生まれたとき
提出期限　被扶養者に該当する事由が生じたときから5日以内
どこに　社会保険事務所又は健康保険組合
届出　健康保険　被扶養者（異動）届
添付書類　健康保険被保険者証、課税証明書・非課税証明書、在学証明書、同居が条件である場合は住民票。被扶養者と別居している場合は「遠隔地被保険者証交付申請書」を添付

 CD-Ⅰ-4頁　健康保険被扶養者（異動）届

## 被扶養者の範囲

| 要件 | 被扶養者の範囲 |
| --- | --- |
| 生計維持関係 | ① 直系尊属<br>② 配偶者（事実上婚姻関係にある者を含みます）<br>③ 子<br>④ 孫<br>⑤ 弟妹（兄姉は含みません） |
| 生計維持関係<br>＋<br>同一世帯 | ① 3親等内の親族<br>② 事実上婚姻関係と同様の事情にある者の父母及び子<br>③ 事実上婚姻関係と同様の事情にある者の死亡後における父母及び子 |

＊同一世帯とは、被保険者と住居及び家計を共同にすることです。

## 生計維持関係

| | |
| --- | --- |
| 同居の場合 | 認定対象者の年収が130万円未満、かつ、被保険者の年収の2分の1未満 |
| 別居の場合 | 認定対象者の年収が130万円未満、かつ、被保険者からの援助額より年収が少ないこと |

＊なお、認定対象者が60歳以上又は障害者の場合は、130万円を180万円と読みかえます。

# 1-3 労働保険に加入する

## 雇用保険資格取得届の作成

いつ　従業員を採用したとき、被保険者の資格を取得したとき
提出期限　被保険者となった日の月の翌月10日まで
どこに　公共職業安定所
届出　雇用保険被保険者資格取得届
添付書類　適用事業所台帳、労働者名簿等雇用に関する事実が明らかになる書類

　・既に、雇用保険に加入したことのある人・・・「被保険者証」
　　　　　　　　　　　　→紛失している場合は「再交付申請書」

事後手続　公共職業安定所から、「被保険者証」「資格取得確認通知書」「資格喪失届・氏名変更届」が交付されてきます。

1．「被保険者証」は本人へ交付します。
2．「確認通知書」は、裏面に受領日を記入し、被保険者に登録確認通知印をもらいます。
3．「資格喪失届・氏名変更届」は、後日該当する事由が生じたときに使用します。それまでは保管しておきましょう。

ポイント　転勤者を受け入れた場合は、「雇用保険被保険者転勤届」を提出します。(健康保険・厚生年金保険のように、A・Bの支店間で資格の得喪は生じません) 転勤した日の翌日から10日以内に「被保険者証等」を添えて、転勤後の所在地を管轄する公共職業安定所に提出します。

＊労災保険については、個人ごとに資格取得届を提出する必要はありません。

## CD-Ｉ-５頁　雇用保険被保険者資格取得届

様式第２号

標準字体 0 1 2 3 4 5 6 7 8 9

### 雇用保険被保険者資格取得届

（必ず裏面の注意事項を読んでから記載して下さい。）

（なるべく折り曲げないようにし、やむをえない場合には折り曲げマーク（▶）の所で折り曲げて下さい。）

（この用紙は、このまま機械で処理しますので汚さないようにして下さい。）

帳票種別　10101

※修正項目番号

※①安定所番号

②被保険者番号　2202－543655－1

③取得　1（1 新規　2 再取得）

④被保険者氏名　小泉　純一

フリガナ（カタカナ）　コイス゛ミ　シ゛ュンイチ

⑤変更後の氏名

フリガナ（カタカナ）

⑥性別　1（1 男　2 女）

⑦生年月日（元号－年月日）　3－410730（1 明治　2 大正　3 昭和）

⑧事業所番号　2202－421551－1

⑨被保険者となった年月日　平成 130326

⑩被保険者となったことの原因　2

1 新規（新規 学卒）雇用
2 新規（その他）雇用
3 日雇からの切替
4 その他
8 出向元への復帰（65歳以上）

⑪賃金（支払の態様－賃金月額:単位千円）　1－310（1 月給　2 週給　3 日給　4 時間給　5 その他）

⑫雇用形態　4（1 日雇　2 パートタイム　3 季節的雇用　4 その他）

⑬職種　3（1～9）裏面参照

※公共職業安定所欄

⑭取得時被保険者種類・区分（1 一般　2 短期常態　3 季節　4 高年齢（任意加入）　5 出向元への復帰（65歳以上）等・高年齢　7 短時間　8 短時間（高年齢））

⑮番号複数取得チェック不要（チェック・リストが出力されたが、調査の結果、同一人でなかった場合に「1」を記入。）

⑯被保険者確認欄

修正欄

⑰１週間の所定労働時間　（（40）時間（　）分）

⑱契約期間の定め　1 有（契約期間　年　月　日から　年　月　日まで　契約更新条項の有無（イ 有　ロ 無））　2 無（1年以上使用する見込みの有無　イ 有　ロ 無）

⑲⑱の1又は2のロの理由

⑳移転前の住所又は居所

㉑事業所名　株式会社日本シャーロック

㉒備考

雇用保険法施行規則第６条第１項の規定により上記のとおり届けます。

平成　　年　　月　　日

住所　静岡県磐田市二番町１９１５－３

事業主　氏名　労働保険事務組合東海経営者協会　理事長　髙山　孝太郎　㊞（記名押印又は自筆による署名）

電話番号　0538-32-8773

公共職業安定所長　殿

| 社会保険労務士記載欄 | 作成年月日・提出代行者・事務代理者の表示 | 氏名 | 電話番号 |
|---|---|---|---|
| | 平成14年 7月22日 提出代行 | 東京太郎 ㊞ | 03-3803-1557 |

※

| 所長 | 次長 | 課長 | 係長 | 係 | 操作者 |
|---|---|---|---|---|---|
| | | | | | |

※備考

確認通知　平成　　年　　月　　日

14. 2 (910) KN

## 1-4 電子データで届け出る

　社会保険や労働保険の加入手続だけでも、従業員の氏名・住所や被保険者番号を書き写す作業が生じます。

　こうした項目のほとんどは、「従業員名簿」と重っています。皆さん、既にお気づきのことでしょう。従業員名簿のデータを活用すると「社会保険資格取得届（被扶養者異動届）」「雇用保険資格取得届」が作成できる理由がここにあるのです。さらに、「資格取得証明書」「雇入通知書（労働契約書）」も同時に作成できますから、労働条件や保険料徴収のトラブルを防ぐ効果も期待できます。

### 社会保険資格取得届（被扶養者異動届）データ作成のポイント

#### 事前準備

1．新入社員に支給する賃金の確認。
　→社会保険料等の計算に必要となる「標準報酬月額」を算出します。
（P 71 参照）
　→雇用保険料等を計算するときにも使用します
（P 53 参照）

2．介護保険の確認
　40歳以上の従業員は、介護保険の被保険者になります。
　注・本人が40歳未満であっても、被扶養者が40歳を超えていると、介護保険料を負担させる［健康保険組合］もあります。
（P 93 参照）

3．雇用保険の被保険者区分の確認
（P 46,47 参照）

## 入力の実際

### ①従業員個人の情報を入力します

[ポイント]

姓名のふりがなの欄をつくる。性と名は別々に入力します。

[入力支援機能]

ふりがなは、自動入力の設定にしておきます。

郵便番号入力で、住所は簡単に入力できます。

入社年月日は、労働保険・社会保険の資格取得日と連動させます。

[プラスα] 給与計算をおこなう場合

住居、職位、資格は個人データとして登録しておきます。

（住宅手当や資格手当を設けている場合は、給与計算と連動できます）

②社会保険に関する情報を入力します

ポイント

・【健康保険と厚生年金保険を区分します】
　毎月の給与計算（保険料の徴収）と連動させます。
　（介護保険は、年齢検索を行い一括登録すると便利です。P 85 参照）
・【標準報酬月額は、それぞれの欄を用意します】
　健康保険と厚生年金保険とで標準報酬が異なるケースもあります。
　（厚生年金保険は 30 等級、健康保険は 39 等級まであります）
・【標準報酬月額の適用日付も入力します】適用日付により、定時決定
　（P 74 参照）が不要となる場合があるためです。
・【変更前の標準報酬月額や適用日付の情報も必要です】
　随時改定・定時決定の届出に、従来の標準報酬月額を書き込む欄があ
　ります。こちらも連動させておきます。
・【「採用時賃金」の欄は、雇用保険の資格取得届で使用】　雇用保険は
　標準報酬月額という単位を使用しないため別途入力しておきます。

③労働保険に関する情報を入力します

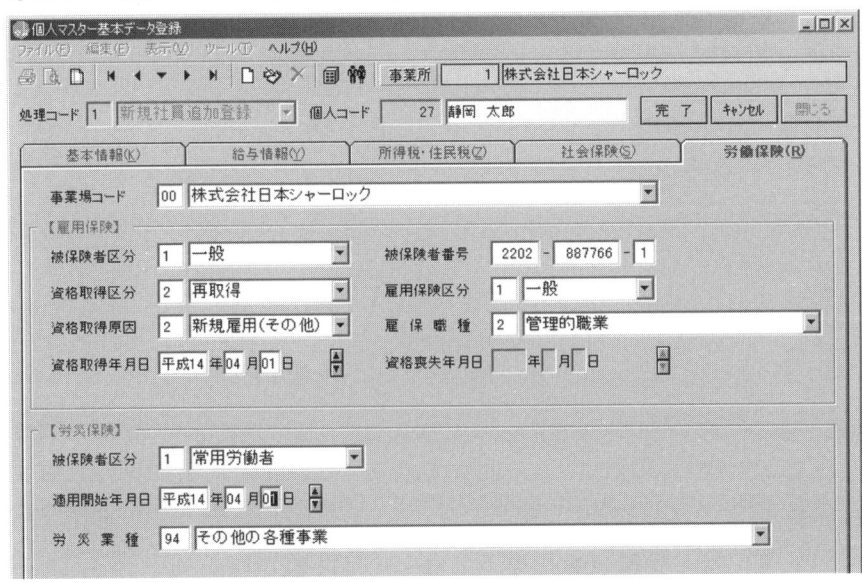

ポイント

・ 雇用保険では「被保険者の種類」や「被保険者区分*」を入力します。

（*短時間労働被保険者か一般被保険者かの区分です）（P 47 参照）

・ 労災業種を選ぶと、保険料率が自動入力されます。

→ 別テーブルに下記の表（詳細P 60）を用意して、連動させます。

| 木材の伐出業 | 1000 分の 133 |
|---|---|
| : | : |
| 食料の製造業 | 1000 分の 9 |
| その他の各種事業 | 1000 分の 5.5 |

*別テーブルを用意すると、業種間の異動が生じても、保険料率を意識する必要がありません。保険料率が改正されてもテーブルを変更すれば、個人データを修正する必要はありません。

## ④家族情報を入力します

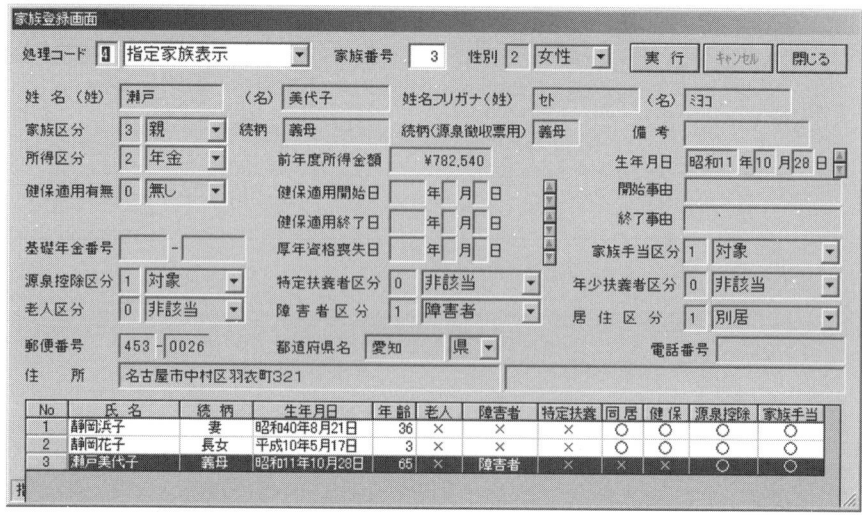

プラスα　**給与計算をおこなう場合**

・　被扶養者は、健康保険だけでなく給与計算（家族手当）、源泉所得税や年末調整の計算にも利用できます。

　　　　　（扶養者の増減によって家族手当も自動的に調整できます）

ポイント

・　健康保険の被扶養者と認められる者で住居を別にしている場合には、その住所も入力します。

　→　「遠隔地被保険者証交付申請書」の作成に連動できます。

・　健康保険のみを管理するなら、源泉控除区分・特定被扶養者区分等は不要になります。

## ⑤ プラスα　所得税・住民税の情報

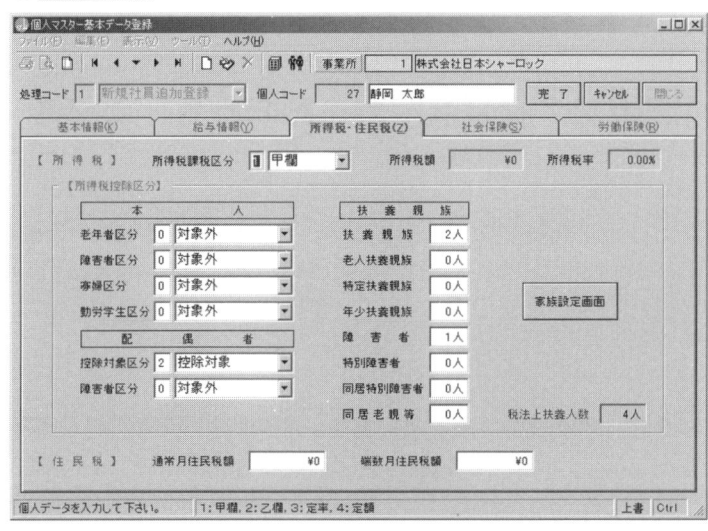

④の画面で、「続柄」「同居の有無」「所得区分」等を入力すると、源泉控除の対象者が自動入力されます。

## ⑥ プラスα　給与計算をする場合の情報入力

個人データの設定は、そのまま給与計算に連動させます。通勤手当は非課税枠の設定に連動できます。
（P106参照）

1-4　電子データで届け出る

# 1-5 電子データを活用する

## 資格取得証明書／社会保険料のお知らせ の作成

### 事前準備

1. 初めて厚生年金保険の被保険者になった者については、付与された被保険者番号をデータベースに入力しておきます。

💿 CD－Ⅰ－6頁　健康保険・厚生年金保険・雇用保険・資格取得証明書

## 💿 CD-I-7頁　健康保険証についての通知

## 健康保険証について

　　小泉純一　様　　　　　　　　平成 14 年 9 月 11 日 交付
　　　　　　　　　　　　　　　　株式会社日本シャーロック

　健康保険証をお受け取りになったら直ちに、氏名・生年月日・扶養家族等に記載誤りがないか確認して下さい。記載事項に誤りがないようでしたら、今すぐ住所欄に、ご自分で住所を書き入れて下さい。

★　今まで、国民健康保険・国民年金に加入しておられた方は健康保険証と一緒にお渡ししました「健康保険・厚生年金保険・雇用保険・資格取得証明書」に事業所の証明印をもらって、認印、国民健康保険被保険者証、年金手帳といっしょに市区町村役場の担当課へ持参し、所定の手続きをとって下さい。

★　社会保険に加入してから、健康保険被保険者証をお渡しする前に病気等で医師の診療をうけられた方は、お渡しした健康保険証をすぐに医療機関の窓口に国保等から社会保険の被保険者となった旨を告げて提示して下さい。
　上記の場合、締切の関係で市町村役場から医療費の返還を求められる場合がありますが、その場合は指示通り一旦納付したのち、その領収書の原本と請求明細書のコピーを添えて事業所にお渡し下されば社会保険事務所に対して請求手続を致します。

★　健康保険証は医療機関に提示することによって、小切手と同じ役目をします。又提示したときから有効となりますので、いつでも使えるように、所在場所は、ご家族に周知させて下さい。なくしたり、よごしたりしないように大切に保管し、余白がなくなったら事業所に申し出て下されば再交付いたします。

★　仕事中と通勤途中の事故による「ケガ」の治療には健康保険は使うことができませんのでご注意下さい。誤って使ってしまった場合は後日、社会保険事務所から医療費の返還を求められます。業務上（通勤途上を含みます）の災害につきましては「労災保険」によって治療していただきます。その際、労災保険の指定病院であれば所定の手続をする事によって費用は一切かかりませんから、なるべく指定病院で治療をうけるようにして下さい。やむをえず指定病院以外の医療機関で治療された場合は一時的に現金で窓口に支払っていただき、後日、労働基準監督署に療養費の請求手続をとりますので事業所に申し出て下さい。指定外医院で治療をうけた場合の医療費は、全額負担されない場合もあるようです。

社会保険労務士　東　京　太　郎

従業員を雇い入れる

1-5　電子データを活用する

# ■雇入通知書（労働契約書）／前職源泉徴収取り寄せ依頼書の作成

## 💿 CD-Ⅰ-8頁　雇入通知書

<table>
<tr><td colspan="6" align="center">雇 入 通 知 書　〔兼 従業員（労働者）名簿／雇 用 契 約 書〕　No. 23</td></tr>
<tr><td rowspan="5">乙（従業員）</td><td>フリガナ</td><td colspan="2">ヤスダ　アキコ</td><td>生年月日</td><td>昭和 48 年　8 月 17 日生　性別　女</td></tr>
<tr><td>氏　名</td><td colspan="2">安田　晃子</td><td>TEL</td><td>053-452-5678</td></tr>
<tr><td>住　所</td><td colspan="4">〒430-0808　静岡県浜松市天神町44-5</td></tr>
<tr><td>雇用形態</td><td colspan="2">※パートタイマー等　□短期間（季節等）雇用契約</td><td>雇用保険</td><td>□不加入　※加入　[被保険者番号　2202-354678-1　]</td></tr>
<tr><td colspan="2">私は本契約書に記載された条件で雇用されます。<br>　　　　　　　年　　月　　日<br>署名　　　　　　　　　　　㊞</td><td rowspan="2">扶養家族等</td><td>名　前</td><td></td></tr>
<tr><td colspan="2"></td><td>生年月日</td><td></td></tr>
<tr><td rowspan="2">甲（使用者）</td><td colspan="3">あなたを本契約書に記載した条件で雇用します。<br>　　平成 14 年　8 月 20 日<br>　株式会社日本シャーロック<br>　代表取締役社長<br>　　山名　一太郎　　　　㊞</td><td rowspan="2">誓約事項</td><td>1. 甲と乙とは本契約書に記載したとおり、労働条件を承認し、互いに誠実にこれを履行する事を誓約する。<br>2. 乙は甲の提示する就業規則その他の諸規則を遵守する。<br>3. 乙は勤務の実態に応じて、社会保険並びに雇用保険の加入資格要件を満たした場合には各該当の被保険者となる。</td></tr>
<tr><td></td></tr>
<tr><td colspan="6" align="center">記</td></tr>
<tr><td rowspan="13">契約内容</td><td colspan="2">雇用期間</td><td colspan="3">□雇用期間の定めなし　※雇用期間の定めあり　平成 14 年　9 月 21 日から　平成 15 年　9 月 20 日まで</td></tr>
<tr><td colspan="2">仕事の内容</td><td colspan="3">経理事務</td></tr>
<tr><td colspan="2">就業場所</td><td colspan="3">浜松市板屋町浜松アクトタワー（10階）</td></tr>
<tr><td colspan="2">勤務時間及び休憩時間</td><td colspan="3">□交替制なし　　　　時　　分から　　　　時　　分まで　（うち休憩時間　　　　　分）<br>※交替制　イ　午前 10 時 30 分から　午後 4 時 30 分まで（うち休憩時間　60 分）<br>　　　　　ロ　午後 1 時 30 分から　午後 6 時 30 分まで（うち休憩時間　30 分）<br>1ヶ月間の労働時間は原則として　120　時間以内とし、勤労日数は　20　日以内とする。</td></tr>
<tr><td colspan="2">休日又は勤務日</td><td colspan="3">1. 休日は毎週　□日曜日及び　土曜日　2. 祝日は勤務日と　□する・※しない　3. 勤務　・月・火・水・木・金 曜日</td></tr>
<tr><td colspan="2">所定外労働等</td><td colspan="3">1. 所定外労働をさせる事が　※ある・□ない　2. 休日労働をさせる事が　□ある・※ない　法定休日　日 曜日</td></tr>
<tr><td rowspan="2">休暇</td><td colspan="4">1. 年次有給休暇　イ 6ヶ月間継続勤務した場合　□（イ）法定どおり　※（ロ）法定を上回る → [ 13日 ]<br>　　　　　　　　　　　　勤続6ヶ月以内の年次有給休暇　□ない　※ある → 3 月経過で 10 日</td></tr>
<tr><td colspan="4">2. その他の休暇　イ 有給［特別休暇　　　　　　］　ロ 無給［生理休暇　　　　　　］</td></tr>
<tr><td rowspan="5">賃金</td><td colspan="4">1. 基本賃金　※イ 時間給　　870 円　□ロ 日給　　　　円　□ハ 月給　　　　円<br>　　　　　　　□ニ 出来高給　［基本単価　　　　円　保障給　　　　円］</td></tr>
<tr><td colspan="4">2. 諸 手 当　イ 給食手当 2,800 円　通勤手当 8,700 円　ハ 事務手当 18,000 円</td></tr>
<tr><td colspan="4">3. 所定外労働等に対する割増率　イ 所定外労働　a 法定超 [ 125 %] b 所定超 [ 125 %] ハ 深夜 [ 150 %]<br>　　　　　　　　　　　　　　ロ 休日労働　a 法定休日 [ 135 %] b 法定外休日 [ 125 %]</td></tr>
<tr><td colspan="4">4. 賃金締切日　20 日　5. 賃金支払日（賃金締切日に対して）　※当月　□翌月　25 日</td></tr>
<tr><td colspan="4">6. 賃金控除　□なし　※食事代控除 4,500 円　※親睦会控除 2,000 円　※組合費控除 3,000 円</td></tr>
<tr><td colspan="2">7. 昇　給</td><td colspan="3">□なし　※あり 毎年 4 月　□時間給　□月額 [ 　　 50 円]</td></tr>
<tr><td colspan="2">8. 賞　与</td><td colspan="3">□なし　※あり [ 6 月 12 月]　9. 退職金　□なし　※あり</td></tr>
<tr><td colspan="2">社会保険・雇用保険加入義務</td><td colspan="4">本契約に拘らず、実際に就労した1ヶ月間の労働日数及び時間数が、一般の従業員の所定労働時間の法定割合を超過する場合には、社会保険及び雇用保険の被保険者となります。これは法律に基づくもので個人又は事業所の意思や都合で決める事はできません。</td></tr>
<tr><td colspan="2">その他</td><td colspan="4">原則的には祝日と土曜日は休業日ですが、季節的、業務の都合等繁忙期には臨時に出勤日とする場合があります。出勤した休業日が法定休日（日曜日）に該当する場合は所定の割</td></tr>
</table>

40

## ■雇入通知書

期間を定めて雇用する者・短時間勤務者・季節雇用者には、「雇入通知書」を交付します。

パートタイマー:「パートタイマー就業規則」が作成されていても、雇入通知書を交付するとよいでしょう。

**注**・雇入通知書を交付しない場合には、就業規則を提示又は配布することになります。本人に支給しない項目が記載されていますと、後日、紛争の原因になることがあります。

### 💿 CD-I-9頁　前職源泉徴収取り寄せ依頼書

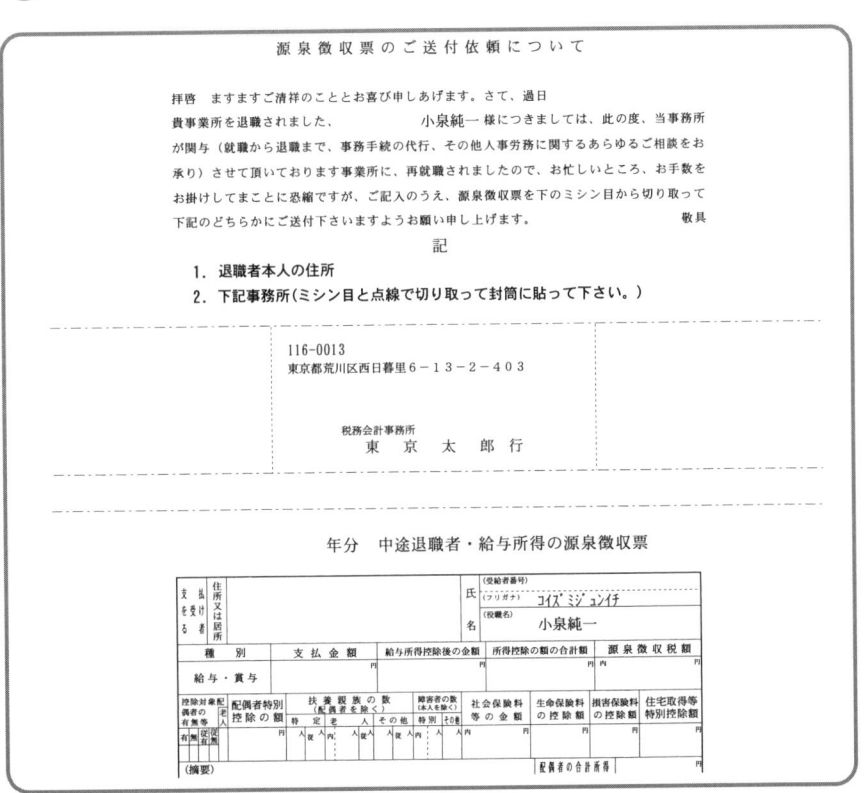

#### 源泉徴収票のご送付依頼について

拝啓　ますますご清祥のこととお喜び申しあげます。さて、過日貴事業所を退職されました、　　　小泉純一　様につきましては、此の度、当事務所が関与（就職から退職まで、事務手続の代行、その他人事労務に関するあらゆるご相談をお承り）させて頂いております事務所に、再就職されましたので、お忙しいところ、お手数をお掛けしてまことに恐縮ですが、ご記入のうえ、源泉徴収票を下のミシン目から切り取って下記のどちらかにご送付下さいますようお願い申し上げます。

敬具

記

1. 退職者本人の住所
2. 下記事務所(ミシン目と点線で切り取って封筒に貼って下さい。)

116-0013
東京都荒川区西日暮里6-13-2-403

税務会計事務所
東　京　太　郎　行

年分　中途退職者・給与所得の源泉徴収票

1-5　電子データを活用する

# 1-6 社会保険に加入できる人、できない人

| 被保険者にならない人(適用除外) | | 被保険者になる場合 （例外） |
|---|---|---|
| 臨時に使用される者 | 2月以内の期間を定めて使用される者 | 所定の期間を超えて引き続き使用されるようになった場合は、その日から被保険者 |
| | 日日雇入れられる者 | 1月を超えて引き続き使用されるようになった場合は、その日から被保険者 |
| 季節的業務に使用される者 | | 初めから継続して4月を超えて使用される場合は、初めから被保険者 |
| 臨時的事業の事業所に使用される者 | | 初めから継続して6月を超えて使用される場合は、初めから被保険者 |

・所在地が一定しない事業所に使用される者（適用除外）
・国民健康保険組合の事業所に使用される者（健康保険のみ適用徐外）
・国民健康保険の被保険者となることを保険者より承認を受けている者（健康保険のみ適用徐外）
・船員保険の被保険者（健康保険のみ適用徐外）
・国、公共団体等に使用され、共済組合の組合員、私立学校教職員共済制度の加入者（厚生年金保険のみ適用除外）

※法人の理事、監事、取締役等の代表者は、法人に使用されるものとして被保険者になることができますが、個人事業主は被保険者になることはできません。

## パートタイムの場合

パートタイマーと称しても、実態に応じて判断されます。

判断基準 （以下の場合は被保険者になります）

勤務時間：1日又は1週間の所定労働時間が、一般社員の概ね4分の3以上

勤務日数：1か月の勤務日数が、一般社員の概ね4分の3以上

＊上記の基準はあくまでも目安です。これに該当しなくともその就労形態や勤務内容から総合的に判断する必要があります。

## 試用期間中の従業員の場合

「期間の定めのない者」として雇用契約が結ばれているならば、試用期間中であっても被保険者の資格を取得します。注意したいのは、試用期間が終了したときからではなく、実際に雇用された日から被保険者に該当します。

## 資格取得届の提出が遅れた場合

会社との使用関係が生じた日に、当然、被保険者の資格を取得します。けれども、保険者が「資格取得の確認」をして、初めてその効力が発生します。要するに「資格取得届」の提出が必要なのです。

届出が遅れた場合でも資格取得日は変わりません。使用された日に遡って被保険者となり、その間の保険料も遡って徴収されます。

> ＊遡ることができるのは最大で2年前までです
> 国が保険料を徴収する権利は、2年を経過すると時効により消滅するためです。
> 給与から保険料が徴収されていたものの、資格取得届が提出されていなければ大きなトラブルが発生します。予防策として、事業主はもちろん被保険者からも、「資格取得の確認」が請求できるようになっています。

従業員を雇い入れる

1-6 社会保険に加入できる人、できない人

# ■シャルフで応用編　社労法務システムの紹介

**サンプル1**
登録されたデータは、CSV形式でテキストデータへ。Excelで随意に展開加工できます。

💿 **CD-Ⅰ-12頁　従業員名簿　兼　個人別記録台帳**

**サンプル2**
更新された標準報酬月額は、「従業員名簿」に自動で書き込まれます。

44

サンプル 3　介護保険の対象者は年齢検索の後、一括登録。

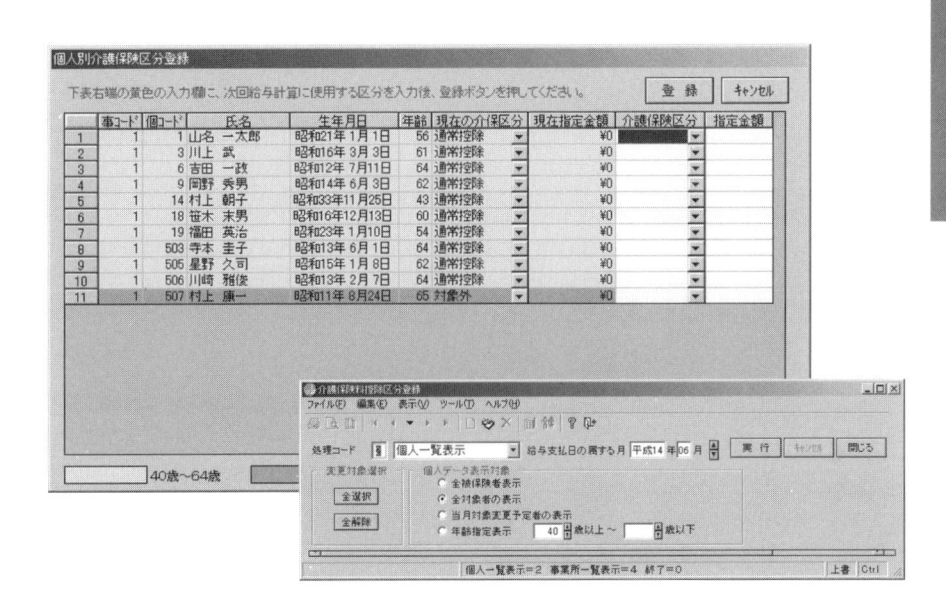

※40歳以上65歳未満の者から介護保険料を徴収します。

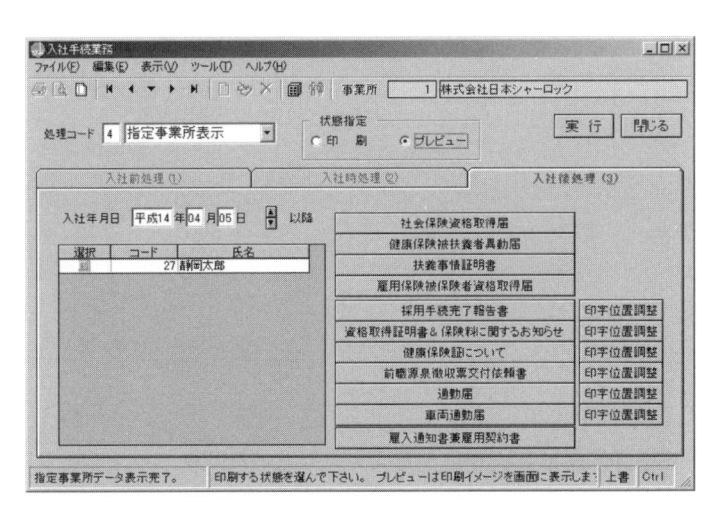

サンプル 4
届出書類は、社会保険事務所が無償配布している用紙にも印刷できます。

1-6　社会保険に加入できる人、できない人

# 1-7 雇用保険に加入できる人、できない人

　雇用保険の適用がある会社に就職しますと、本人の意思にかかわらず、原則、雇用保険の被保険者になります（4種類の被保険者に分かれます）。

## 被保険者の種類

| ①一般被保険者 | ②．③．④以外の被保険者 |
|---|---|
| ②高年齢継続被保険者 | 65歳に達した日の前日から65歳に達した日以後も引き続き雇用される人（③．④を除く） |
| ③短期雇用<br>　特例被保険者 | 季節的に雇用される又は短期の雇用（雇用期間が1年未満である雇用）に就くことを常態とする人（④を除く）<br>　ただし、1年以上雇用された場合は、その後（切替日）下記の通り取扱われます。<br><br>切替日に65歳未満の者 ⇒ 一般被保険者<br>雇用されたときに65歳未満であって切替日に65歳以上となった者 ⇒ 高年齢継続被保険者<br>雇用されたときに65歳以上の者 ⇒ 被保険者でなくなる |
| ④日雇労働被保険者 | 日雇労働者（日々雇用又は30日以内の期間を定めて雇用される者）で、a～dいずれかに該当する人<br>　a．適用区域内に居住し、適用事業に雇用<br>　b．適用区域外の地域に居住し、適用区域内の適用事業に雇用<br>　c．厚生労働大臣の指定する適用区域外の適用事業に雇用<br>　d．日雇労働者で、公共職業安定所長の認可を受けた者<br>＊前2月の各月に18日以上同一の適用事業に雇用されると、一般被保険者、高年齢継続被保険者、短期雇用特例被保険者となります（原則）。 |

　労災保険では、原則、事業所に使用される人は、1日だけのアルバイトでも労

## 短時間労働者でも被保険者になる人―短時間労働被保険者

> 日雇労働被保険者・短期雇用特例被保険者以外の人で、次の①②いずれの条件にも該当すると、「短時間労働被保険者」として雇用保険に加入します。
> ①．1週間の所定労働時間が、同じ事業の通常の労働者に比べて短く、20時間以上30時間未満である場合
> ②．1年以上引き続き雇用されることが見込まれる場合

　労働条件の変更により、週所定労働時間が20時間以上30時間未満になった場合、逆に、30時間未満であった者が30時間以上になった場合は、「一般被保険者」と「短時間労働被保険者」の変更が生じます（区分変更といいます）。

　区分変更が生じた場合は、翌月10日までに「雇用保険被保険者区分変更届」を提出します。「一般被保険者」と「短時間労働被保険者」では、離職後に支給される基本手当の日数が違ってきます（P148参照）。

## 雇用保険の被保険者にならない人

| | |
|---|---|
| ① | **65歳に達した日以後に雇用される者**<br>⟵ 65歳になる前から引き続き雇用される者（高年齢継続被保険者になります）。 |
| ② | **短時間労働者**であって、**季節的**に雇用される者又は**短期**（同一事業主に1年未満）の雇用に就くことを常態とする者 |
| ③ | **4箇月以内の期間**を予定して行なわれる**季節的事業**に雇用される者<br>⟵ 4箇月以内の期間を予定して雇用された者が、**所定の期間を超えて引き続き雇用される**場合は、その超えた日から被保険者です。 |
| ④ | 船員保険法の強制被保険者 |
| ⑤ | 国、都道府県、市区町村等の事業に雇用される者のうち、離職した場合に他の法令、条例、規則等に基づいて支給を受ける諸給与の内容が、雇用保険の求職者給付・就職促進給付の内容を超えると認められる一定の者 |

災保険に加入します。極端な話、不法就労の外国人労働者も適用されるのです。

1-7　雇用保険に加入できる人、できない人

# 第2章

# 労働保険料を計算する

## 2-1 労働保険料の概要

### 労災保険と雇用保険を合わせたものを「労働保険」といいます。

#### 労災保険

労働者が業務上や通勤途上で、災害を受け負傷したり病気になったときに保険給付を行います。

**支給対象**は広く、労働者が死亡した場合には、配偶者はもちろん兄弟姉妹にもおよびます。また、事故の後、労働者が会社を辞めても支給される内容に何ら影響はありません。

**業務災害への徹底した生活保障**があって、はじめて安心して、労働者は労務の提供ができるのです。そこで、労働者を雇用するほとんどの事業主は、強制的に労災保険に加入しています。

**もう一つの特徴は保険料**です。全額が事業主負担になっています。さらに、保険料率は事業の種類に応じて違います。これは、事業により労働災害の発生率が大きく異なるためです。現に、死傷災害の発生件数は製造業及び建設業を合わせると、全産業の半数を占めています。

#### 雇用保険

労働者が失業したとき、生活の安定、求職活動の促進のために必要な給付を行います。他にも、雇用の安定、再就職の促進を図るための教育訓練給付や、雇用の継続が困難なときは雇用継続給付も支給されます。

雇用保険法は、失業の予防、雇用状態の是正、雇用機会の増大など労働者の福祉を増進することも目的としています。

**保険料率**は、事業の種類により3種類用意されています。季節労働者や出稼労働者の多い「建設業」「農林水産業」「清酒製造業」等は、一般事業と分けているのです（P60参照）。保険料は、事業主と労働者が一定の割合で負担します。

# 労働保険料の納付方法

## 1年間分を前払い

　従業員の雇用保険料は毎月の給与から徴収されています。ところが、国（保険者）に納める保険料は年に1回と決まっています。労働者から徴収した保険料は事業主負担分と合わせて、年に1度納付するしくみをとっているのです。事業主は、1年間分の保険料を国（保険者）に前払いしています。

　労働保険料は、その年度の賃金総額に保険料率を乗じて計算されます。

> その年の賃金総額 ×（労災保険料率 ＋ 雇用保険料率）

　ところが、このままでは問題があるのです。年度の初めに保険料を計算しますから、正確な賃金総額が計算できません。そこで、おおよその保険料を納めておき、年度が終了したときに正確な保険料を計算する2段階の方法をとっています（年度の終了後に過不足を精算します）。

　前払いの保険料を概算保険料、年度終了後に計算した保険料を確定保険料といいます。

## 納付日は決まっている（年度更新）

　保険料を納付する日は決まっています。継続事業であれば、毎年4月1日から5月20日の間です。この日は、確定保険料と概算保険料の差額を精算するだけでなく、新しい年度の概算保険料の納付日でもあります。

精算方法　**確定保険料が、事前に納めた概算保険料より高ければ**
　　　　　・・・新年度の概算保険料に不足額を上乗せして納付します。
　　　　　**確定保険料が、事前に納めた概算保険料より低ければ**
　　　　　・・・超過額が新年度の概算保険料に充当＊（いわゆる相殺）されるしくみです。（＊還付請求することもできます）

これを年度更新といいます。

## 2-2　①概算保険料（継続事業）

### 労働保険　概算保険料申告書の作成

　会社が強制適用事業所の条件に該当すると、保険関係は当然に成立します。事業主は、保険関係の効力とは別に「保険関係成立届」を作成し、「概算保険料申告書」を提出することになります。

いつ　新たに事業所を設置、又は従業員の増加・業種の変更などにより、強制事業の適用を受けたとき
提出期限　保険関係の成立した日の翌日から起算して50日以内
どこに　所轄都道府県労働局(労働基準監督署、日本銀行(本店・支店)、郵便局を経由できる　P 54 参照)
届出　労働保険　概算保険料申告書（継続事業）

添付書類　雇用保険に加入する場合・・・保険関係成立届に添えて
　　　　　　　　　　　　　　　「雇用保険被保険者資格取得届」
ポイント　**賃金総額**：保険関係が成立した日からその年度末(3月31日)までの賃金総額（見込み額）を計算します。賞与や、日雇い・臨時雇いの労働者の賃金も計上します。最後に1,000円未満の端数を切り捨てます。

　**分割納付**もできます（延納といいます）。…最大3分割。

## 納付時期（延納申請する場合）

| 事業開始日 | 4／1～5／31 | 6／1～9／30 | 10／1～ |
|---|---|---|---|
| 納付日 | 3回（成立後50日以内、8／31、11／30） | 2回（成立後50日以内、11／30） | 1回（成立後50日以内） |

・労働保険事務組合に、事務を委託している場合は、
8月31日→9月14日、11月30日→12月14日と延期ができます。

## 延納の要件（次のいずれかに該当していること）
・労働保険事務組合に労働保険事務を委託している
・概算保険料額が40万円(労災保険又は雇用保険1つのみは20万円)以上

## 2通りの保険料計算方法（一元適用事業と二元適用事業）

**一元適用事業：労災保険と雇用保険の事務を一本化したケース(原則)**

(式)：賃金総額×（労災保険料率＋雇用保険料率）

**二元適用事業：労災保険と雇用保険の事務を別々におこなうケース**
　　　　　　　　　　　（有期事業などはこちらに該当します）

(式)：労災保険に係る従業員の賃金総額×労災保険料率
　　　　＋　雇用保険に係る従業員の賃金総額×雇用保険料率

## 保険料は65歳未満の労働者までが納付します

　65歳以上の労働者の保険料は除かれます。しかも、誕生月ごとに計算するのは大変ですから、毎年4月1日において64歳であれば、65歳に達する月を待たずに、4月分の保険料から免除されます（事業主負担分も含めて免除されますが、短期雇用特例被保険者や日雇労働被保険者についての保険料は免除されません）。
結果、収める概算保険料は

> 概算保険料 —（免除対象高年齢労働者の賃金総額×雇用保険料率）

となります。こちらは、一元適用事業・二元適用事業とも共通です。

## 概算保険料申告書等の提出先

| | | |
|---|---|---|
| 一般保険料 | 一元適用事業<br>労働保険事務組合に事務処理委託をしない事業 | 都道府県労働局<br>労働基準監督署<br>日本銀行<br>郵便局 |
| | 二元適用事業<br>労災保険の保険関係が成立している事業 | |
| | 一元適用事業<br>労働保険事務組合に事務処理委託する事業 | 都道府県労働局<br>日本銀行<br>郵便局 |
| | 一元適用事業<br>労働保険事務組合に事務処理を委託しておらず、雇用保険の保険関係のみ成立している事業 | |
| | 二元適用事業で雇用保険に関するもの | |

＊日本銀行・郵便局を経由するには、納付する保険料がある場合に限られます。

## 2-2 ②概算保険料（有期事業）

### 労働保険　概算保険料申告書　の作成

　労働保険では、事業が「継続事業」か「有期事業」かによりその手続が異なります。
継続事業は年度ごとに保険料を納めていたのに対し、有期事業は一事業につき1回保険料を納めるだけです（その事業が複数の年度に渡ろうとも同じです）。・・・ただし、分割（延納）することは可能です。

> 事業の全期間に使用する労働者の賃金総額の見込額×労災保険料率

＊有期事業は二元適用事業となるため、雇用保険料は別計算になります。

　なお、有期事業の確定精算は事業が終了したときに行われます。事業終了時に確定保険料を計算し、概算保険料との過不足を精算するしくみです。

> **有期事業**とは、建設の事業や立木の伐採の事業など、初めから事業の期間が予想されている事業をいいます。ただし、一定の要件を備え、それぞれの有期事業が一括されている場合は、「有期事業の一括」として継続事業と同じように扱われます。

| いつ | 有期事業であって、保険関係が成立したとき |
| 提出期限 | 保険関係の成立した日の翌日から起算して20日以内 |
| 届出 | 労働保険　概算保険料申告書（有期事業） |

> **賃金総額を正確に算定することが困難な場合**（賃金総額の特例）
> 請負による建設の事業：賃金総額＝請負金額×労務費率
> 立木の伐採の事業：賃金総額＝素材1立法メートルを生産するために必要な労務費の額×生産する全ての素材の材積

労働保険料を計算する

# ■ 有期事業における概算保険料の分割納付（延納）

延納の要件　事業期間が6箇月を超える事業であり、次のいずれかを満たしていることです。
- 労働保険事務組合に労働保険事務を委託していること
- 概算保険料の額が75万円以上であること

納付時期
- **最初の期の保険料納付分**は、保険関係成立の日の翌日から起算して20日以内に納付します。
- 次の期以降は、

| 4月1日～7月31日分 | 納期限　3月31日 |
| --- | --- |
| 8月1日～11月30日分 | 納期限　8月31日 |
| 12月1日～翌年3月31日分 | 納期限　11月30日 |

【参考】原則は、保険関係成立の日からその日の属する期の末日までを最初の期とします。けれども、最初の期が2か月以内のときは、次の期と「まとめて1期」とするため、分割回数が減ることになります。

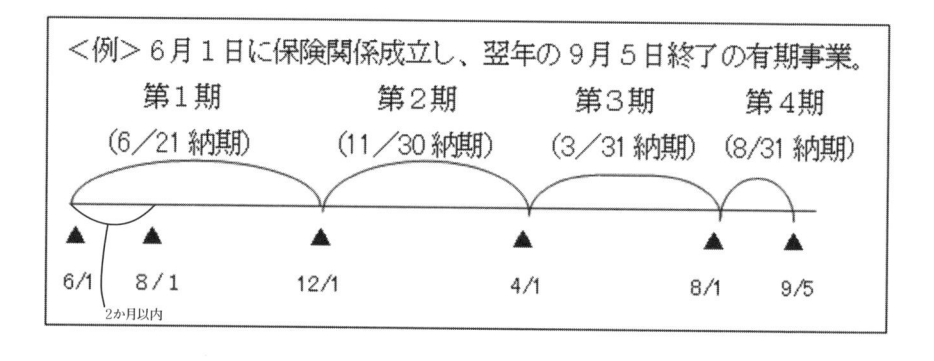

<例>6月1日に保険関係成立し、翌年の9月5日終了の有期事業。

　第1期　　　　　第2期　　　　　第3期　　　　第4期
（6/21納期）　（11/30納期）　（3/31納期）　（8/31納期）

6/1　8/1　　12/1　　　　4/1　　　　8/1　9/5
　2か月以内

## 2-3 労働保険の年度更新

### 概算・増加概算・確定保険料申告書 の作成

継続事業では、その年度が終了すると確定保険料の精算をします。そして同じタイミングで、新年度の概算保険料も納付します。この2つの手続は、年度更新といって同一の様式を提出することで完了します。

いつ　継続事業が確定保険料の精算及び概算保険料を納付するとき
提出期限　毎年 4月1日～5月20日
どこに　所轄都道府県労働局[労働基準監督署、日本銀行（本店・支店）、郵便局を経由可]（P 54 参照）
届出　労働保険　概算・確定保険料申告書
添付書類　なし
ポイント　次年度の概算保険料の計算

### 次年度の概算保険料

新年度の賃金見込額が、前年度の確定保険料の賃金総額（確定賃金総額）の**半分以上、2倍以下**であれば、前年度の確定賃金総額を利用します。

つまり、新年度の概算保険料は
前年度の確定賃金総額×保険料率　となります。これは、確定保険料を計算しておけば、保険料率が変わらない限り、前年度の確定保険料がそのまま新年度の概算保険料になるしくみです。

注・64歳以上の一般被保険者（いわゆる免除対象者）の賃金総額も、昨年度の免除対象者の賃金総額を利用します。

# 概算保険料の分割（延納）

　53頁でご紹介した要件を満たしますと、5月20日、8月31日、11月30日の3回に分割納付できます。

労働保険事務組合に委託している場合は、納期の延長も適用されます。

### CD-Ⅰ-14頁　労働保険　概算・確定保険料申告書

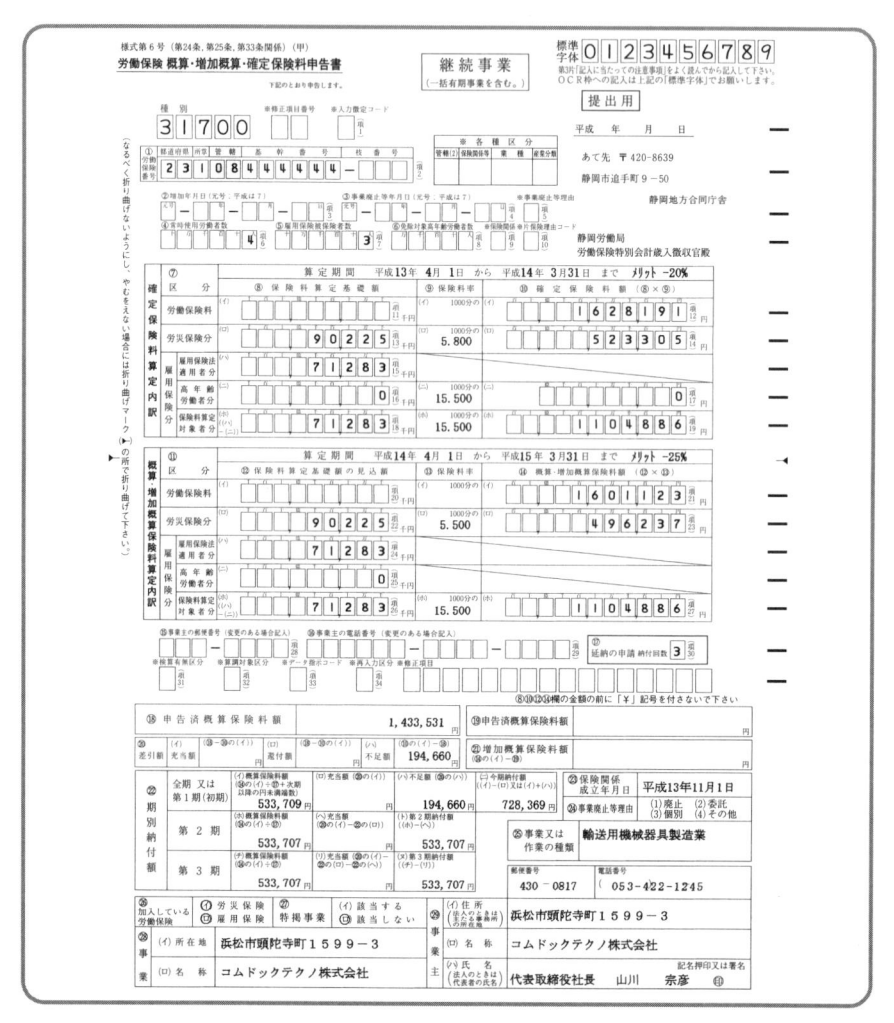

## 2-4 電子データで届け出る

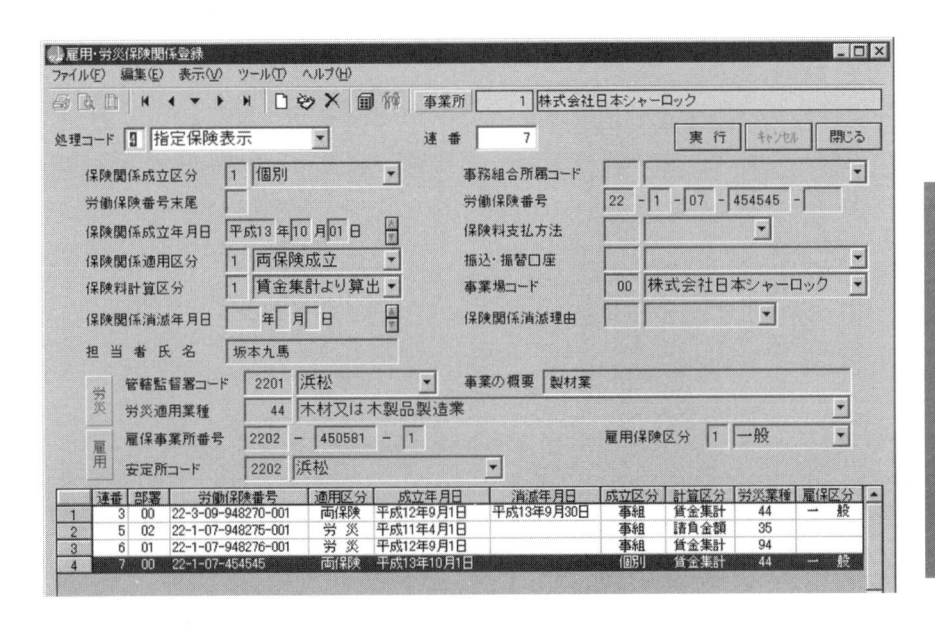

労働保険料を計算する

|事前準備| 概算・増加概算・確定保険料申告書に基づき、必要な項目を設定します。(労働保険番号・保険関係成立年月日など)

|入力支援| 「常時使用労働者数」「雇用保険被保険者数」「雇用保険の免除対象高年齢労働者数」は、個人データ (P 35 参照) に連動させ自動入力させます。

|ポイント| 「労災適用業種」「雇用保険の区分 (一般/特掲建設/その他特掲)」を選択すると保険料率が決まります。ここでは保険料率表(次頁参照) に連動していますが、事業の種類が 1 つであれば、保険料率を直接入力することでも対応できます。

部署により労災保険の業種が異なったり、成立している保険関係が異なる場合は、部署ごとに設定します。

**労災保険料率**（例）

| 事業の種類 | 労災保険率 |
|---|---|
| 木材伐出業 | 1,000 分の 133 |
| 道路新設事業 | 1,000 分の 31 |
| 建築事業（既設建造物設備工事業を除く） | 1,000 分の 20 |
| 食料品製造業（たばこ等製造業を除く） | 1,000 分の 9 |
| 印刷又は製本業 | 1,000 分の 6 |
| 化学工業 | 1,000 分の 7.5 |
| 金属製錬業（非鉄金属精錬業を除く） | 1,000 分の 8 |
| 電気機械器具製造業 | 1,000 分の 5.5 |
| ⋮ | ⋮ |
| その他の各種事業 | 1,000 分の 5.5 |

メリット制の適用がある場合には，上記の保険料率は最大45%の幅で増減されます。

**メリット制**：事業の種類が同じでも，会社の災害防止努力の違いにより労働災害の発生率が違います。各事業場の災害発生率の高低により，一定の範囲内で労災保険料率を調整する制度です。

**雇用保険料率**

| 事業の種類 || 雇　用　保　険　率 ||
|---|---|---|---|
| ||| 被保険者負担分 | 事業主負担分 |
| 一般の事業 || 1,000 分の 17.5 | 1,000 分の 7 | 1,000 分の 10.5 |
| 特掲事業 | 農林水産業 清酒製造業等 | 1,000 分の 19.5 | 1,000 分の 8 | 1,000 分の 11.5 |
| | 建設の事業 | 1,000 分の 20.5 | 1,000 分の 8 | 1,000 分の 12.5 |

季節労働者や出稼労働者を多く使用すると思われる事業は，雇用保険率が高く設定されています。

# 賃金集計により保険料を計算する場合
## 賃金計算を行っている場合

集計する賃金支払期間を設定します。(通常は4月～翌年3月ですが、年度途中で保険関係が成立した場合は、成立月～3月です)
労災保険においてメリット制が適用されるなら、増減率も設定します。

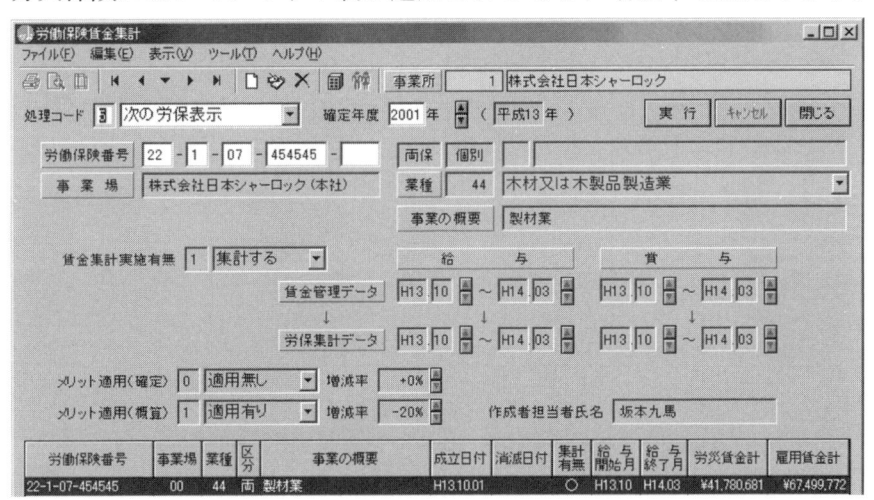

## 賃金計算を別処理している場合

賃金総額の入力をしておきます。

ポイント

雇用保険では免除対象の高年齢労働者の賃金を控除する必要があります。あらかじめ，免除対象者の賃金総額を計算します。
(生年月日から、4月1日現在64歳以上の一般被保険者を検索し、賃金総額を計算します。)

# 算定基礎賃金報告書の作成

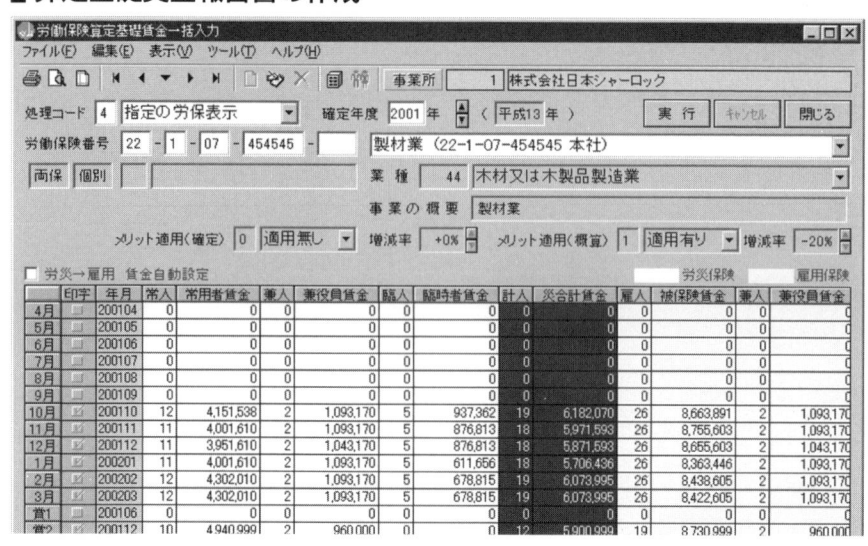

各人が各月にもっている「賃金、区分データ」に従い、労災保険・雇用保険に適用する賃金総額、高年齢労働者の賃金総額を集計します。

---
労災保険加入区分／加入・非加入
被保険者区分／常用労働者・兼務役員・パートタイマー等臨時労働者
労災業種コード
雇用保険加入区分／加入・非加入
被保険者／一般被保険者・短期雇用・高年齢者　等

---

※賃金には、保険料の計算の際に「賃金総額に含めるもの」「含めないもの」があります。したがって、賃金総額を計算する前に、識別しておく必要があります。（P 99 参照）

＊賃金計算を別処理している場合も識別が必要です。

<u>プラスα</u>

賃金総額の計算を請負金額等で計算する場合には、請負金額や労務費率を入力することになります。（P 55 参照）

| 事業の種類（例） | 労務比率 |
|---|---|
| 道路新設事業 | 22% |
| 舗装工事業 | 20% |
| その他の建設事業 | 24% |

# ■シャルフで応用編　社労法務システムの紹介

### サンプル1

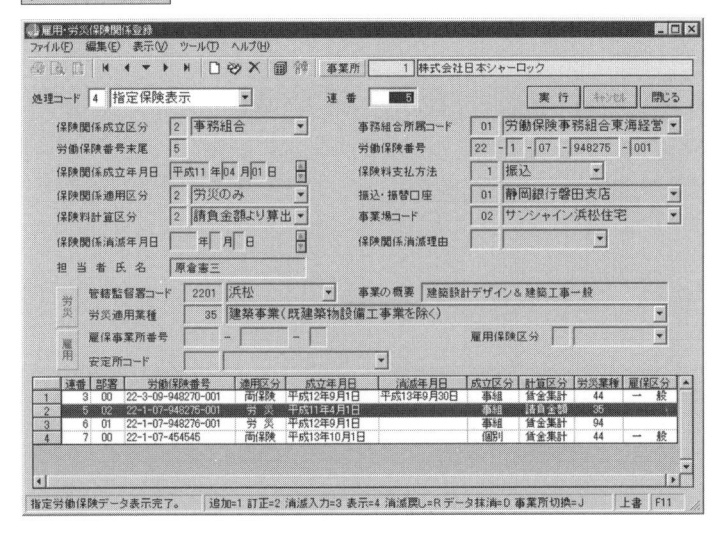

同一事業所に、保険関係が複数あっても対応できます。

賃金集計、請負事業は労災業種・事業場・労働保険番号により、一括処理

**労働保険料を計算する**

### サンプル2

有期事業である建設業種は、[工事開始届]から

2-4　電子データで届け出る　63

サンプル 3  有期事業の一括を受けている事業場では
「事業報告書」「一括有期総括票」も簡単作成。

サンプル 4  賃金集計も瞬時に振り分け、賃等報告書も同時に作成。

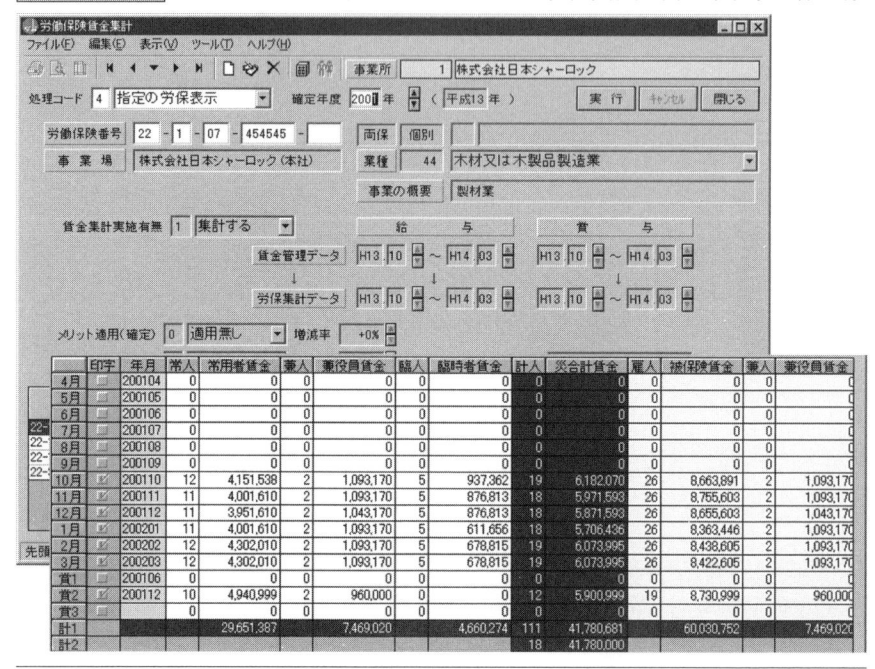

## 2-5 賃金総額の見込額が概算申告額の2倍を超える場合

　年度初めに、概算保険料を納付し、年度の終了時に確定精算することが、継続事業の一般的流れです。
　ところが、賃金総額が極端に多くなりますと、年度の途中でも概算保険料を追加納付します。追加納付する保険料を「増加概算保険料」といいます。

いつ　賃金総額の見込み額が概算申告額の2倍を超えると見込まれるとき。
　労災保険だけに加入していた事業が、年度の途中で新たに雇用保険に加入したとき。
提出期限　賃金総額の見込額が2倍を超えて増加した日から30日以内
どこに　概算保険料申告書を提出したところ（P 54参照）
届出　労働保険　増加概算保険料申告書
添付書類　賃金台帳などを必要とするケースもあります。
ポイント　継続事業にかかわらず、有期事業も同様に申告します。
概算保険料を延納申請している場合に限り、増加概算保険料も延納できます。

記入例　様式の「賃金総額の見込み額」欄には、新たに計算し直した賃金の総額を記入します(増加した分の賃金額を記載するわけではありません)。既に納付した概算保険料を記載し、その差額を別途記載します。

# CD-Ⅰ-14頁 労働保険 増加概算保険料申告書

# 第3章

# 社会保険料を計算する

# 3-1 社会保険の概要

## 健康保険

　病気やケガはもちろん、死亡や出産に対しても保険給付が行われます。労災保険は業務・通勤途上の事故が対象ですが、健康保険は業務外の事故に対し給付がなされます。

　**健康保険の特徴**は、従業員にとどまらず家族（被扶養者）の私傷病についても給付の対象となる点です。とはいえ、あくまでも被保険者に支給されるものですから、被保険者が亡くなりますと、たとえ、療養中であっても家族への保険給付は打ち切られます。

### 2 種類の健康保険（政府管掌健康保険と組合管掌健康保険）

　健康保険には、政府（国）が管掌している「政府管掌健康保険」と組合が管掌する「組合管掌健康保険」の 2 つがあります。

　一般に、中小企業や日雇労働者は「政府管掌健康保険」に加入し、その事務は社会保険事務所が行っています。

　一方、「組合管掌健康保険」に政府は登場しません。常時 300 人以上の労働者を使用する事業所が健康保険組合をつくり、その組合が保険者になるのです。事務もそれぞれの組合が行います。保険給付や保険料も、制約はあるものの最終的には組合が規約で定めます。給付内容・保険料の負担割合など企業により違っているのは、それぞれの組合の規約が異なるからです。

## 厚生年金保険

　労働者が一定の年齢に達したときや、障害を負ったり死亡した場合などに、年金や一時金を支給します。厚生年金保険も、事業所が独自に厚生年金基金を設立し、保険の一部を国に代わって運営することができます。設立には、常時500人以上の労働者を使用する事業所であることが条件となっています。厚生年金基金も、規約をもって給付内容が決まります。

> 　健康保険・厚生年金保険の適用を受ける事業所には、加入が義務づけられた「強制適用事業所」と、任意に加入する「任意適用事業所」があります。（P 171参照）
> **強制適用事業所**：法人‥‥常時、従業員を使用している事業所
> 　　　　　　　　　個人経営‥‥常時5人以上の従業員を使用する事業所
> 　　　　　　　　　　　　　　　　（一部、任意包括適用事業）

　**健康保険・厚生年金保険の事務手続**は、ほとんどが共通するところです。1つの届出様式が両保険の効果をもたらします。
例えば、適用される事業所の範囲は同じですから「健康保険・厚生年金保険新規適用届」1式を提出すると両保険に加入することになります。
　**保険料**は、料率が違うものの賃金のとらえ方（標準報月額P 71参照）は同じです。事務手続は同時に進めていきます。

> **Q**　健康保険だけ加入し、厚生年金保険に入らないことはできますか？
> **A**　法律上は強制適用事業所でなければ、健康保険・厚生年金保険の加入は任意です。けれども、国民は何らかの医療保険と年金制度に加入しなければなりませんから、実際は2つの保険は一緒に加入することになります。
> 　＊事業所が国民健康保険組合に加入しているような場合に限り、厚生年金保険のみ適用する場合があります。

社会保険料を計算する

## 児童手当拠出金

児童手当の支給及び児童育成事業に要する費用に充てるため、拠出金を納めます。児童手当を受ける社員の有無に係わらず、一定額を納付し、その負担は全額事業主となります。

## 老人保健

**加入者**は、健康保険、各共済組合、国民健康保険等、すべての医療保険制度の被保険者とその被扶養者です。

**老人医療費**は国民全体で負担しています。注意したいのは、医療保険に加入しながら同時に老人保健の加入者になるということです（一定年齢に達すると、医療保険を脱退し老人保健に加入するわけではありません）。各医療保険の保険者が、老人保健の費用を拠出する理由がここにあるのです（医療等の費用の10分の7を負担しています）。

**老人保健の医療対象者**は、75歳以上の人（寝たきりの状態等にある人は65歳以上の人）です。医療保険の給付に代えて老人保健制度から医療を受けることになります。また、医療等以外の保健事業の対象者は、市町村に居住する40歳以上の人です。

> 老人保健は、老後における健康の保持と適切な医療の確保を図るため、疾病の予防、治療、機能訓練等の保健事業を総合的に実施するもので、国民保健の向上や老人福祉の増進を目的としています。

**一部負担金**：外来・入院とも原則1割負担（月額上限は廃止）
　　　　　　　一定(例：課税所得124万円)以上の所得者は2割負担

## 介護保険

日本に住所を持つ40歳以上65歳未満の医療保険加入者は介護保険に加入します。第2号被保険者といって、健康保険料と介護保険料を負担します。

## 3-2 社会保険料

　社会保険料は、労働の対象として支払った賃金相当額に保険料率を乗じて計算します。

　実際は、月々に支払った賃金をそのまま使うのではなく、あらかじめ決められた賃金のランク表（標準報酬月額表）から、平均賃金に該当する標準報酬月額を選び、これに料率を乗じて計算されます。

## 標準報酬月額の決め方

　一度決められた標準報酬月額は、特別な事情がない限り1年間は変わりません。標準報酬月額を決定する時期と方法は健康保険法・厚生年金保険法で決められています。

原則　4、5、6月の平均額（平成14年まで5、6、7月）……**定時決定**。
4月～6月の平均賃金をもって、標準報酬月額表に当てはめます。ただし、賃金の支払基礎日数が20日未満の月を除いて平均をとります。4月に20日分の賃金を支払っていなければ、5月と6月の賃金の平均で標準報酬月額が決まるのです。

　定時決定で定められた標準報酬月額はその年の9月から翌年の8月まで有効です。保険料率が変更されない限り、原則1年間は、毎月同じ額の社会保険料が徴収されることになります。

資格を取得したとき……**取得時決定**といいます。

　保険に加入したなら、早速、保険料を納めなければなりません。そこで、資格取得のタイミングで標準報酬月額を決定します。資格取得時から3か月間に支払われる平均賃金を予測するのです。

　実際に支払った3か月間の平均賃金が予測と違った場合は、社会保険事務所へ「資格取得時報酬の訂正届」を提出します。

社会保険料を計算する

# ▌賃金に変動があった場合の社会保険料

### 保険料のしくみ
　そもそも、健康保険や厚生年金保険の保険料は、その人の賃金に応じて決まります。賃金が高い人は保険料も高くなりますし、低い人はその所得に見合った保険料が徴収されるのです。

### 高い保険料を納めた人のメリット
　標準報酬月額は保険料の計算だけに使われるわけではありません。
　健康保険では、病気で働けなくなると傷病手当金が支給されます。支給額は1日につき標準報酬日額*の100分の60相当額です。
　　　　　（標準報酬日額：標準報酬月額を日額に直した額です）
　厚生年金保険からは、会社員当時の標準報酬月額を平均した額に一定率を乗じて、年金や一時金が支払われます。
　ようするに、標準報酬月額が高ければ保険料も高くなりますが、支払われる保険給付も多くなるわけです。

賃金が大きく変更したとき……随時改定といいます。
　標準報酬月額は1年間変わらないのが通常です。ところが、定時決定や資格取得時に決定した標準報酬月額と、その後の賃金との間で著しい差が生じたなら、あらためて標準報酬月額を決め直さなければなりません(随時改定)。賃金を多くもらうことになった後も、賃金が低いときの標準報酬月額では、社会保険のしくみに反するのです。

いつ　随時改定は固定的賃金に変動があった場合に行われます。
　毎月固定的に支払われる賃金の変動は、昇給または降給にあたります。ここでは毎月の固定手当の金額だけでなく固定された単価の変動も含みます。

例えば　1回200円の(事業所負担)給食手当が250円に増えた場合も昇給に該当します。増えた月を昇給発生月として、その後3か月間の賃金をとらえます。標準報酬月額のランク表に3か月間の平均賃金を

当てはめた結果、標準報酬月額が現在のランクよりも 2 等級以上変更したなら随時改定の対象です。──「月額変更届」を提出します。

　さらに注意することは、昇給した金額のみにとらわれてはならないことです。昇給額では 2 等級の差がなくても、残業等、固定的賃金以外の手当を加えて 2 等級以上になれば、随時改定の対象になるためです。

注・昇給額に係わらず、昇給者の 3 か月間の賃金は全てチェックすることが必要です。

ポイント 次の 3 つの条件を満たした時に月額変更届を提出します。
- 昇給又は降給があること
- 3 か月間いずれの月も 20 日以上の賃金の支払基礎日数があること
- 3 か月間の賃金の平均が、現在の標準報酬月額に比べ 2 等級以上の差を生じること

報酬月額が決まらないとき ……**保険者算定**といいます。

　算定対象の条件が整わなかったり、法律上の扱いが変更されるなど、何らかの事情で標準報酬月額が計算できない場合があります。そのときは、社会保険事務所に報酬月額を決定してもらいます。

例えば　長期療養で休職していた被保険者が、4 月～6 月のいずれも賃金の支払基礎日数が 20 日に満たない場合。パート加入の被保険者で、どの月も賃金の支払基礎日数が著しく少ない場合等です。

---

**Q：定時決定は、なぜ 5 月～7 月の平均額なの？**（平成 15 年からは 4～6 月）

　5 月～7 月は 1 年間のうちでいちばん季候の良い時期であり、「労働意欲がもっとも盛んで、残業なども多く見込まれる」と考えられたためです。

　近年 7 月は夏期休暇をとる企業も多くなり、一概に稼ぎの多い 3 か月という概念が崩れてきました。平成 15 年からは、定時決定の時期を 4、5、6 月に変更します。また、賞与も含めて平均額を算出する「総報酬制」の導入も予定されています。（P 91 参照）

3-2　社会保険料

## 3-3 標準報酬月額の届出を電子データで届け出る

## 定時決定

　保険料を計算する上で、標準報酬月額の決定は大きな役割を持ちます。社会保険では、標準報酬月額が平均賃金に相当するからです。
　標準報酬月額は、被保険者の資格を取得したときに決まりますが、その後も年に1度見直されます。ちょうど、賃金が勤続年数や実績等により変わっていくのと同じことです。
　年に1度の見直しを定時決定といい、ここで決められた新しい標準報酬月額は、その年の9月（平成14年までは10月）から適用されることになります。

|いつ|　適用事業所であって、7月1日現在、被保険者がいる場合
|提出期限|　毎年7月1日～7月10日までの間
|どこに|　社会保険事務所、健康保険組合又は厚生年金基金団体
|届出|　健康保険・厚生年金保険　被保険者報酬月額算定基礎届
|添付書類|　算定基礎届総括表、賃金台帳、源泉所得税領収書等

## 報酬月額算定基礎届から除外する人

　標準報酬月額を取得したばかりの人　又は　変更する予定がある人
→　6月1日以後に被保険者の資格を取得した人
→　7月～9月に、標準報酬月額を変更(随時改定)する予定のある人
　　（4～6月中に固定的賃金に変動があった一定の人です）
　　　この場合は、随時改定の予定人数等を「算定基礎届総括表」に記載します。

## 4月、5月、6月の平均賃金を求めます

　平均賃金を標準報酬月額表に当てはめ、標準報酬月額を決定します。賃金の支払基礎日数が20日未満の月の賃金は除きます。

## 支払基礎日数

　標準報酬月額を決定する算定対象月の就労日数を支払基礎日数といいます。日給制では実際の就労日数がこれに当たります。月給制、週休制は就労日に関係なく暦日数が該当します。
＊日給制の場合は、有給休暇を取得した日も支払基礎日数に含みます。

　|例|　4月・5月・6月の給与が、3月分・4月分・5月分の就労であれば3月・4月・5月の各暦日数が支払基礎日数です。ただし平均額は、4月・5月・6月に支払われた額から割り出します。

## 算定基礎届の事前準備

1. 7月1日現在、在職する従業員全員の労働者名簿をチェック。
2. 新たに採用した人の資格取得届の提出漏れがないか確認します。
3. 賃金台帳等を整理し、4月～6月までの間に固定的賃金の変動があり、随時改定の対象となりそうな人をチェックしておきます。

　※標準報酬額の決定の事例はP95を参照して下さい。

# 算定処理

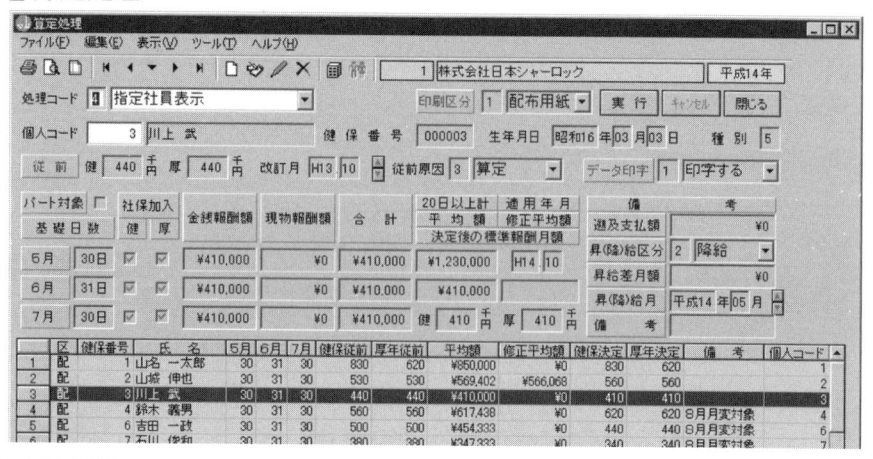

[算定処理ソフトウェア画面のスクリーンショット]

ポイント

- 支払基礎日数を入力し、20日以上の月の賃金を計算させます。
- 定時決定から除外する人（随時改定予定者等）をマークします（賃金データと連動させておくと便利です）。
- 標準報酬月額表を別テーブルに用意し、平均額に対応する標準報酬月額を表示させます。（従前の標準報酬月額も残しておきます）

| 等級 | 標準報酬月額 | 報酬月額（平均賃金の額） |
|---|---|---|
| 1級 | 98,000円 | 101,000円未満 |
| 2級 | 104,000円 | 101,000円以上107,000未満 |
| : | : | : |
| 39級 | 980,000円 | 955,000円以上 |

（健康保険は39級、厚生年金保険は30級まで区分されています）

データ活用例

　新しい標準報酬月額が決定すると、被保険者各人に通知しなければなりません。「社会保険料のお知らせ」が役立ちます。（P 38参照）

## CD-Ⅰ-15頁　健康保険・厚生年金保険　被保険者報酬月額算定基礎届

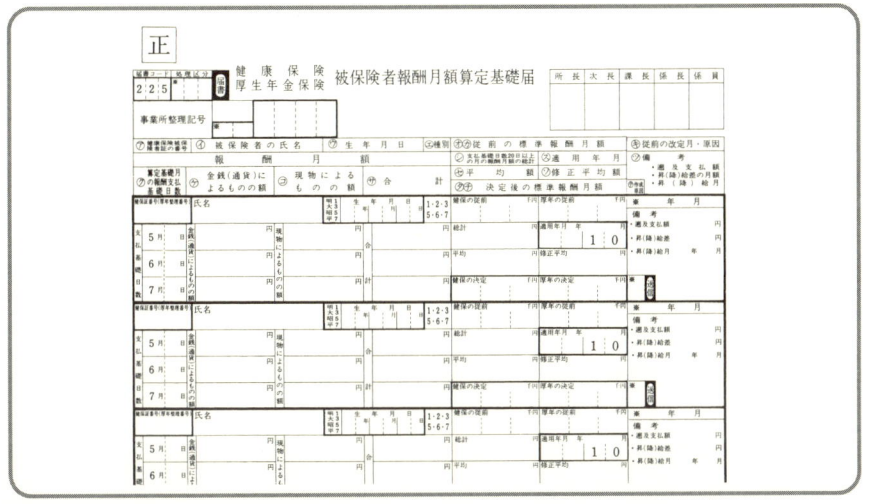

## 社労法務システムでは

現在の帳票も、そのまま利用できます。(帳票は、社会保険事務所等から送られてきます。帳票には既に被保険者ごとの被保険者証番号や氏名、生年月日等が記載されています)→　帳票印刷時に、印刷する項目・印刷しない項目が設定できます。
(例：記載済みの項目は印字しないように設定)

3-3　標準報酬月額の届出を電子データで届け出る

# 標準報酬月額の届出（随時改定）

　昇給や降給により賃金が変更され、現在の標準報酬月額に比べて著しい差が生じると、定時決定を待たずに標準報酬月額を改定します。
　この随時改定により、適切な標準報酬月額に修正され、実態に合った保険料や保険給付が計算されます。

いつ　固定的賃金に変動があり、報酬月額に著しい高低が生じた場合
提出期限　著しく高低が生じた月から3か月後、速やかに
どこに　社会保険事務所、健康保険組合又は厚生年金基金団体
届出　健康保険・厚生年金保険　被保険者報酬月額変更届
添付書類　事業主や役員の降給の場合は、取締役会議事録の写し等
ポイント　残業手当などの非固定的賃金を加えた結果、標準報酬月額に2等級以上の変動が生じた場合も含め、随時改定の対象です（P72参照）。
　ただし、下記の場合は随時改定の対象になりません。
・　固定的賃金は増額したが、非固定的賃金は減額したため、平均額が2等級以上下がった場合
・　固定的賃金は減額したが、非固定的賃金は増額したため、平均額が2等級以上上がった場合

| 固定的賃金 | 月給、週給、日給、役付手当、家族手当、住宅手当、勤務地手当　など |
|---|---|
| 非固定的賃金 | 残業手当、能率手当、日・宿直手当、皆勤手当、精勤手当　など |

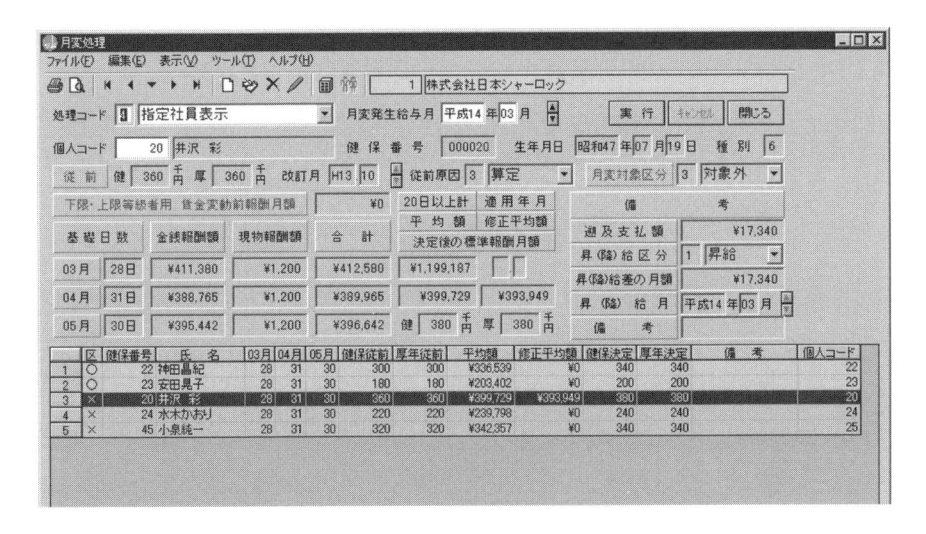

ポイント

- 固定的賃金に変更が生じた人をマークします(賃金データと連動させておきます)。
- 固定的賃金の変更のあった月以後、引き続く3月間において、支払基礎日数が20日以上ある従業員をさらに絞り込みます。
- 継続した3月間の賃金の平均を求め、現在の標準報酬月額に比べ2等級以上の差を生じる者を表示します。
  →月額変更届を提出します
  ＊現物支給されたものがあるときは、都道府県ごとにあらかじめ定められている「現物給与の標準価額」を入力しておきます(定時決定も同様)。

---

**本人が食事代の一部を負担しているとき**

　現物給与標準価額から本人負担分を差し引いた額が賃金とみなされます。ただし、本人の負担額が3分の2以上のときは、現物給与はないものとされます。

　ただし、住宅が現物給与であった場合は、本人負担が3分の2以上であっても、その差額は賃金とみなされます。

# 算定結果一覧表

登録済みの賃金データで自動判断をさせた場合にも、確認のため一覧表を作成します。

プラスα
・ 標準報酬月額の決定・更新の作業で個人データも自動更新させます。
・ 従来の標準報酬月額が前回の標準報酬月額に移動、同時に最新の標準報酬月額が登録されます（P 34 参照）

# シャルフで応用編　社労法務システムの紹介

## ケース1

前3か月の平均額を算出。2等級変動により、↑、↓、→を自動感知します。

・給与計算、保険料変更の通知等、適用すべき月を自動判別

## ケース2

賃金データを一括呼び込み。(手入力でも即完了)

- 結果はコンピュータがすべて判断。
- 届出用紙に出力すれば処理は完了します。

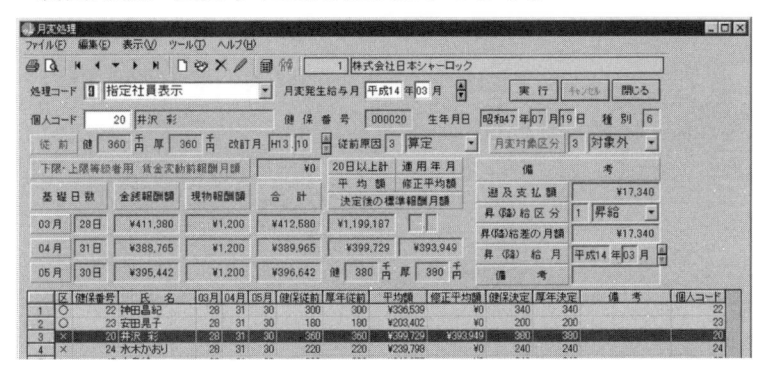

社会保険料を計算する

3-3　標準報酬月額の届出を電子データで届け出る

# 3-4 社会保険料を計算する

## 保険料の計算

資格取得時、定時決定、随時改定により決定された標準報酬月額で、健康保険料（介護保険料）や厚生年金保険料が計算されます。

### 年齢によって、徴収される保険料はバラバラ

介護保険では、40歳以上65歳未満の医療保険の加入者を第2号被保険者と呼びます。彼らからは、健康保険料と同時に介護保険料も徴収します。ところが65歳以上になりますと、在職していても賃金からは控除されません。今度は、第1号被保険者となり、老齢基礎年金等から介護保険料が天引きされます。

次いで厚生年金です。70歳になりますと厚生年金保険の被保険者の資格を喪失します。その後、任意に加入する人を除き厚生年金保険料*は徴収されません（健康保険料はそのまま徴収されます）。

＊70歳に達した日（70歳の誕生日の前日）の前月までの保険料が徴収されます。

---

介護保険に該当しない被保険者の健康保険料：
　　　　　　　　標準報酬月額×一般保険料率
介護保険に該当する被保険者の健康保険料：
　　　　　　　　標準報酬月額×（一般保険料率＋介護保険料率）
厚生年金保険料：標準報酬月額×厚生年金保険料率
児童手当拠出金：厚生年金保険の標準報酬月額×1,000分の1.1

## 保険料率

| 健康保険 | 政府管掌健康保険 || 組合管掌健康保険 ||
|---|---|---|---|---|
| | 健康保険 | 介護保険 | 健康保険 | 介護保険 |
| | $\dfrac{82}{1,000}$ | $\dfrac{10.7}{1,000}$ | $\dfrac{30}{1,000} \sim \dfrac{95}{1,000}$ | 組合ごとに決定 |
| 厚生年金保険 | 一般 || 基金加入員 ||
| | $\dfrac{138.5}{1,000}$ || $\dfrac{153.5}{1,000} \sim \dfrac{159.5}{1,000}$ ||

※ H15.3.31 まで健康保険は $\dfrac{85}{1000}$、厚生年金保険は $\dfrac{173.5}{1000}$ です。

## 電子データで管理する

40歳到達時、65歳到達時、70歳到達時など、各月の従業員の年齢を気にせずに、給与の手取額が計算できます(手取額からの逆算も可能)。

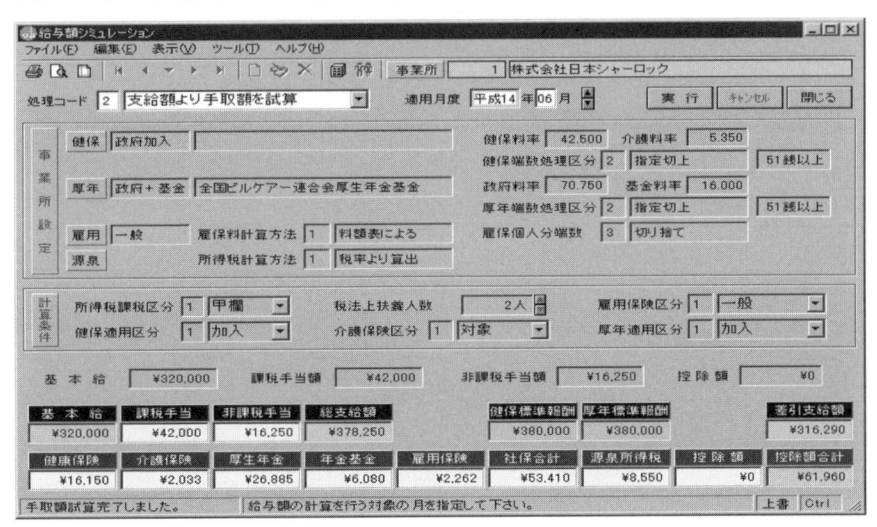

# 事前準備

①政府管掌健康保険

②組合管掌健康保険

あらかじめ、組合独自の保険料率を設定しておきます。

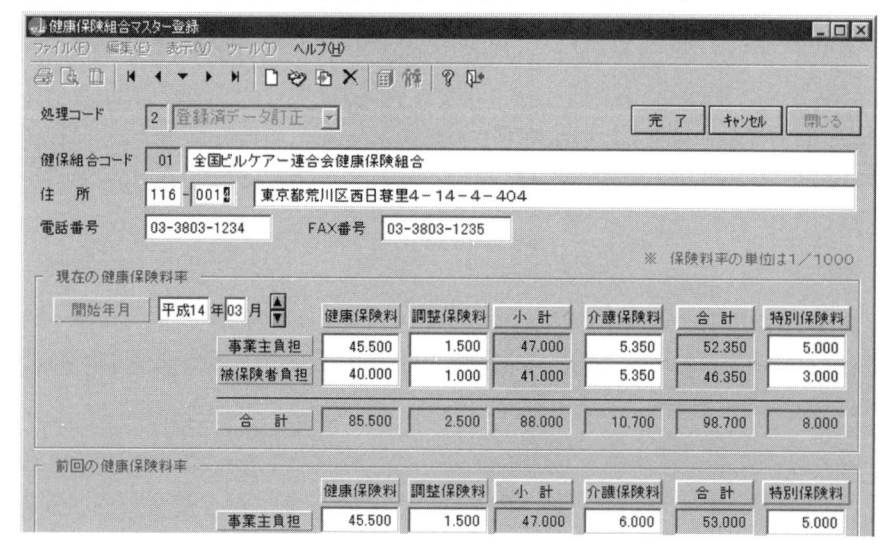

# 年齢検索も可能

## いろいろな条件を組み合わせた年齢検索

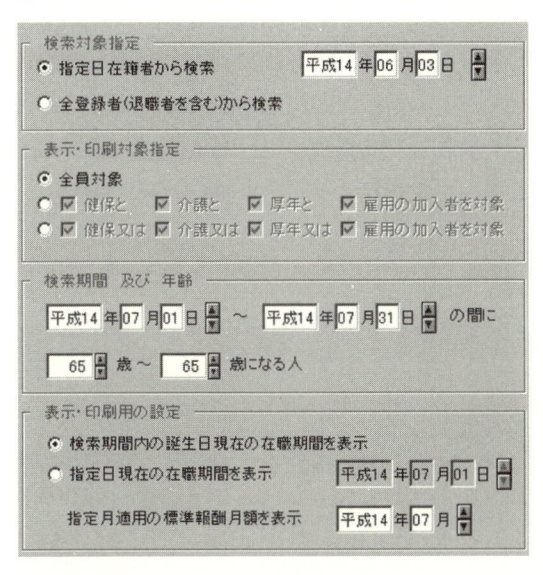

指定日在籍者から検索
- 健康保険被保険者
- 介護保険対象者
- 厚生年金保険被保険者
- 雇用保険被保険者

プラスα ・ 厚生年金保険被保険者／健康保険被保険者／雇用保険被保険者に特化した、年齢到達予定者の検索はあらかじめ準備します。

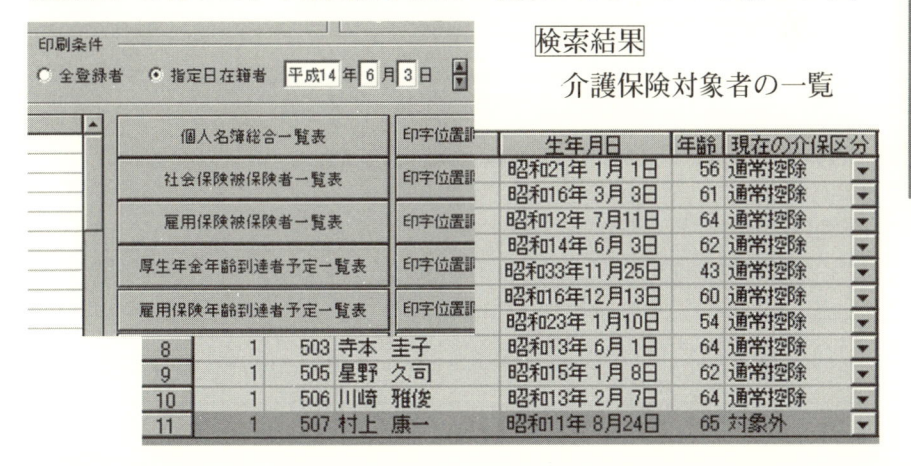

検索結果
介護保険対象者の一覧

| 生年月日 | 年齢 | 現在の介保区分 |
|---|---|---|
| 昭和21年1月1日 | 56 | 通常控除 |
| 昭和16年3月3日 | 61 | 通常控除 |
| 昭和12年7月11日 | 64 | 通常控除 |
| 昭和14年6月3日 | 62 | 通常控除 |
| 昭和33年11月25日 | 43 | 通常控除 |
| 昭和16年12月13日 | 60 | 通常控除 |
| 昭和23年1月10日 | 54 | 通常控除 |
| 昭和13年6月1日 | 64 | 通常控除 |
| 昭和15年1月8日 | 62 | 通常控除 |
| 昭和13年2月7日 | 64 | 通常控除 |
| 昭和11年8月24日 | 65 | 対象外 |

社会保険料を計算する

# 個人宛に保険料のお知らせを発行することができます

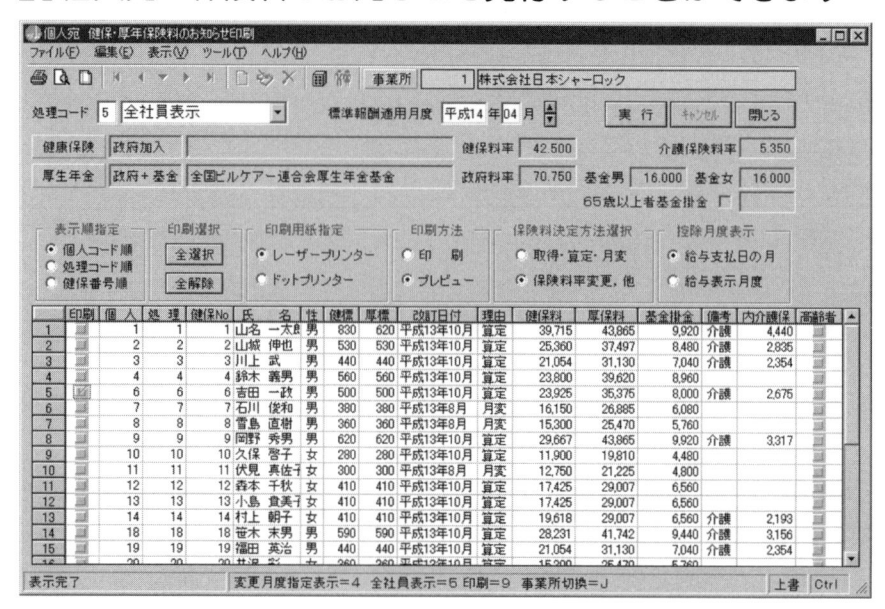

### CD-Ⅰ-6頁　健康保険料及び厚生年金保険料に関するお知らせ

★健康保険料及び厚生年金保険料に関するお知らせ

[1] 健康保険料及び厚生年金保険料は標準報酬月額によって決まります。
標準報酬月額とは、各人各月によって違う給与額を社会保険庁が計算しやすい単位で区分した給料に応じたランク付けです。
これによって、保険料や各種手当金（保険金）の給付額を算出します。

[2] あなたの標準報酬月額は、健康保険　300　千円、厚生年金保険　300　千円です。
保険料は、健　康　保　険　料　＝　標準報酬月額 300　千円×保険料率1,000分の　42.500（全体料率　85.000）　＝　12,750 円
　　　　　　　　　　　　　　　　　　　　　　　　　（内介護保険料率1,000分の　0.000（全体料率　0.000）　＝　　　　0 円）
　　　　　　　　厚生年金保険料　＝　標準報酬月額 300　千円×保険料率1,000分の　86.750（全体料率 184.500）　＝　26,025 円

・保険料率は法律の改訂により変動します。

[3] 標準報酬月額の決定方法は、入社時の1か月の給与額（交通費等全てを合計）、及び時間外手当を含めて推定されてあります。
従って入社後2～3かカ月くらい実績をみて、最初に決めた標準報酬が不適切と判断された場合は届出をしてさかのぼってランクを変更します。

[4] 保険料の納め方・保険料は給与から差し引きますが、常に前月分を控除するという点で雇用保険料とは異なります。（但し、翌月払いの給与はその月の分という事になります。）月の中途で入社した場合はそれがたとえ末日であってもその月の保険料は翌月に控除します。月の中途で退職した場合は、その月の保険料は徴収されませんが、その月の末日で退職する場合は、その月の保険料は徴収されますので、この場合は、前月分と当月分の保険料の2か月が徴収される事になります。

★雇用保険料に関するお知らせ

[1] 雇用保険料の料率は業種によって異なります。一般業種は、1,000分の15.5、建設業にあっては、1,000分の18.5
[2] 保険料計算の対象となる給与はその月の給与総額（交通費等の非課税支給額を含めます）に個人負担率を乗じて算出します。

86

# 年齢到達日とは

年齢到達日
Ｑ．介護保険料負担は40歳からということは分かりました。では、介護保険料を徴収するのはいつからでしょう。
Ａ．40歳に達する日とは、40歳の誕生日の前日に当たります。誕生日の前日の月分から保険料を負担します。

　少し紛らわしいのが、誕生日が月の初日にある人です。前日の属する月ですから、誕生月の前月から保険料を負担することになります。

　保険料は保険料の負担が生じた月の翌月の給与から控除します。

## 3-5 賞与等が支払われたとき（平成14年3月31日まで）

　3か月を超える期間ごとに支給される（年3回以下で支給される）、いわゆる賞与は、健康保険・厚生年金保険の一般保険料の対象とされません。特別保険料として徴収されています。

　「賞与」という名称を問わないため、期末手当や年末手当、繁忙手当であっても、特別保険料の対象になることもあります。また、賞与等が自社製品等の現物支給であっても、報酬とみなし、その地方の時価により金銭に換算した額が計上されます。

> 　年4回以上の支給になるものは一般の保険料の対象とされ、標準報酬月額に含めます。（8月1日前1年間の合算額を12で除した月額を報酬額に含めて、保険料の対象とします）。

## ▮特別保険料の計算

支給総額（100円未満切捨て）×特別保険料率

|  | 特別保険料率 | 被保険者負担 | 事業主負担 |
|---|---|---|---|
| 健康保険 | $\dfrac{8}{1,000}$ | $\dfrac{3}{1,000}$ | $\dfrac{5}{1,000}$ |
| 厚生年金保険 | $\dfrac{10}{1,000}$ | $\dfrac{5}{1,000}$ | $\dfrac{5}{1,000}$ |

　いつ　　賞与等が支払われたとき
　提出期限　支給された日から5日以内
　どこに　　社会保険事務所、健康保険組合又は厚生年金基金団体
　届出　　健康保険・厚生年金保険　賞与等支払届

> ポイント

　賞与等の合計額を届け出ると、翌月、特別保険料額が記載された「納入告知書」が通知されます。事業主はこれに従い、その月末に一般保険料と特別保険料を納付します。

　**賞与等支払届**は、事業所全体の賞与額が分かれば良いため、届出上は下記の内容が計算されていれば足ります。(平成14年3月31日まで)

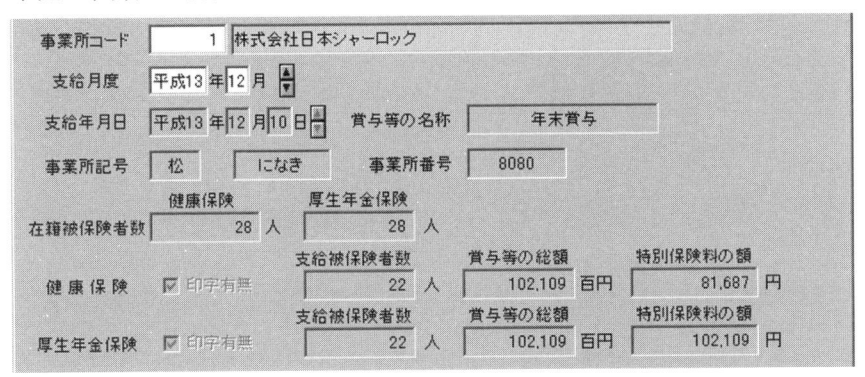

※健康保険・厚生年金保険それぞれの賞与合計・被保険者数を算出します（70歳以上の従業員は厚生年金保険の被保険者でないため、該当者・賞与額から除かれます）。

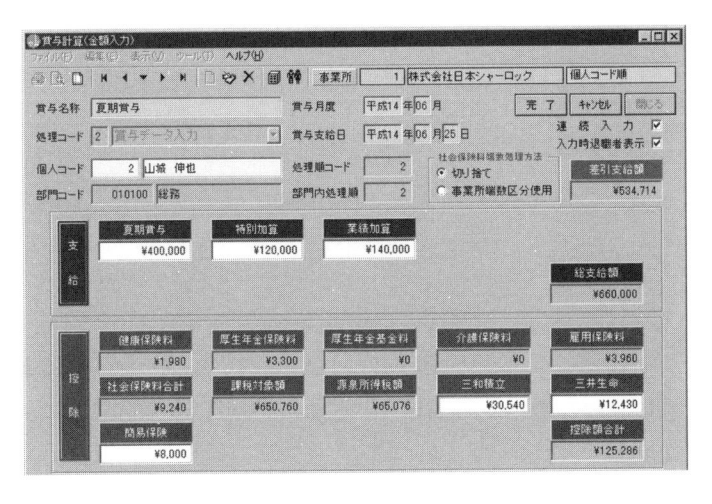

特別保険料の徴収は個人ごとに行います。

平成15年度から届出も個人ごとに行われます。

# ▌シャルフで応用編　社労法務システムの紹介

## ▌賞与手取の逆算も瞬時に計算

　支給したい手取額について、社会保険料、源泉所得税はいくらになるか、逆計算ができます。

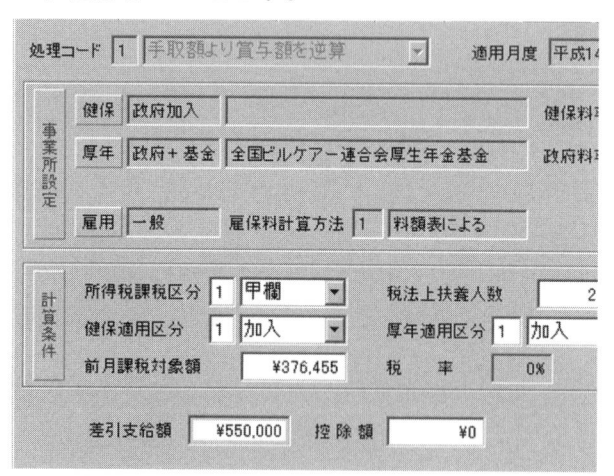

**準備**

　扶養人数／前月課税対象額／希望手取額等、白抜きの項目部分を入力するだけです。

## 総報酬制の導入

～平成15年4月から、特別保険料は廃止～

　健康保険・厚生年金保険の一般保険料率と特別保険料率をみますと、その料率は大きく違います。年収が同じでも、賞与のウェイトが高ければ納める保険料は安く済む計算です。

それならば、「賞与を高く、月の賃金を低くする」。誰もが考える対策です。けれども、これには少々問題があります。賞与で納めた特別保険料は、健康保険の保険給付や将来もらえる年金額に、いっさい反映されないからです。

　平成15年の4月から、この矛盾はなくなります。月々の給与とボーナスを合計した「総報酬」を基準に保険料が徴収されるのです。特別保険料も一般保険料と同じ料率で計算し、年金額に反映されます。

　厚生年金保険の新しい料率は1,000分の135.8です。賞与のウェイトが給与の0.3倍よりも大きかった人は、総報酬制の結果、保険料が高くなります。逆に、賞与のウェイトが給与の0.3倍よりも小さい人は保険料が安くなります。

---

**厚生年金保険**（P 95参照）

給与から控除される保険料＝標準報酬月額 $\times \dfrac{135.8}{1,000}$

賞与等から控除される保険料＝標準賞与額※ $\times \dfrac{135.8}{1,000}$

---

**健康保険**

給与から控除される保険料＝標準報酬月額 $\times \dfrac{82}{1,000}$

賞与等から控除される保険料＝標準賞与額※ $\times \dfrac{82}{1,000}$

---

※標準賞与額：厚生年金保険で150万円が上限
　　　　　　　健康保険で200万円が上限

社会保険料を計算する

3-5　賞与等が支払われたとき

## 3-6 その他の注意事項

### ■同時に2以上の事業所に勤務する人

それぞれの事業所において被保険者の資格を取得します。

事業所を管轄する社会保険事務所等が異なる場合は、被保険者がいずれかを選択し、10日以内に選択した社会保険事務所等に「健康保険・厚生年金保険被保険者所属選択・2以上事業所勤務届」を提出します。

保険料　それぞれの事業所で報酬月額（賃金）を計算し、その合計額を被保険者の報酬月額（賃金）とします。後は、標準報酬月額表に当てはめて標準報酬月額を決定します。

保険料は、各事業所での賃金に比例して按分されます。

```
A事業所　報酬月額（11万円）┐ 報酬月額    →  標準報酬月額
B事業所　報酬月額（10万円）┘ 21万円          13級の200,000円
```

### ■夫婦が共働きの場合の被扶養者（双方が健康保険の被保険者である時）

① 原則として、年収の多い方の被扶養者になります。
② 年収が同程度であれば、主として生計を維持する人の被扶養者になります。
③ 夫婦の双方又は一方が共済組合の組合員で扶養手当等の支給が行われている場合は、その支給を受けている人の被扶養者になります。

### ■雇用保険の失業等給付（基本手当）を受けている被扶養者

基本手当を受けるということは、一時的な失業であって、将来就職するものと考えられます。さらに、基本手当を受給していますから、原則として被扶養者とみなされることは難しいようです。

ただし、基本手当の日額に365を乗じた額と他の年収との合計が130万円未満であれば被扶養者となる場合もあります。

## ■健康保険の被扶養者も介護保険では被保険者です

　健康保険の被扶養者も40歳以上65歳未満であれば介護保険の第2号被保険者です。保険料も納付することになります。

　ただし、政府管掌健康保険では、被扶養者の介護保険料は、制度全体で賄うため、被扶養者本人が保険料を負担することはありません。

＊組合管掌健康保険では、本人が40歳未満であっても、配偶者等の被扶養者が40歳を超えていれば、介護保険料を負担するケースもあります。

注・この被扶養者ですが、65歳以上になりますと今度は、第1号被保険者として自分の老齢基礎年金等（年金月額15,000円以上に限る）から介護保険料が天引きされます。（月額15,000円未満の場合には、直接市区町村へ納付します）。

## ■老齢年金受給者が嘱託として再雇用された場合

　「再雇用時の給与が現役に比べ低く設定された」ケースを考えます。

　定年退職後の再雇用といえども、使用関係が事実上継続していますから、被保険者資格も継続しています。このままでは、再雇用時から3か月間（随時改定まで）は、退職前の高い標準報酬月額で保険料や在職老齢年金が支給調整されることになります。

　そこで特例が用意されました。上記のケースは、退職時に使用関係が一旦中断したものとみなすのです。手続上は「被保険者資格喪失届」と「被保険者資格取得届＊」を同日に提出します。結果、再雇用と同時に、新しい給与額による保険料、在職老齢年金の支給調整がなされます。

＊定年退職を証明できる書類（就業規則の写し等）を添付します。

3-6　その他の注意事項

## 育児休業期間中の保険料

　育児休業中の被保険者も、使用関係が継続していれば被保険者資格は継続します。この場合、健康保険料（介護保険料を含む）・厚生年金保険料は申出後の月分が免除になります。

　保険料は事業主負担分も含めて免除されます。

　免除期間は、育児休業開始（申出）日の属する月から、終了予定日の翌日の属する月の前月までです。ただし、女性については、産後8週間は就業禁止期間ですから、この間は育児休業をとることができません（この間は労働日でないため、休業ということはあり得ないのです）。就業禁止期間は、健康保険の出産手当金は受けられますが、社会保険料は免除されないのです。

## 介護休業期間中の保険料

　介護休業期間中は保険料の免除はありません。休業期間中の被保険者は、被保険者資格が継続していますから、毎月、保険料は徴収されます。

　そこで、職場復帰後に賃金から保険料を控除することを前提に、事業主が保険料を立替えることが認められています。

> ＊労働基準法は「前借金相殺の禁止」を掲げていますが、著しい高金利により労働を強制する場合を除き、休業中の立替を認めています。
> 　また、保険料を介護休業手当などとして負担してあげることも可能です。

## 標準報酬月額の決定の例

ケース1　新しい標準報酬月額が適用される前（9月前）に退職する人
→　算定基礎届は提出します。

ケース2　入職月の4月のみは日給計算（支払基礎日数が20日以上も含む）される者で、5月から本来の月給制になる従業員
→　5月からの月給をもとに報酬月額を算定します（保険者算定）。

ケース3　4月～6月の中に3月分の手当が遡って支給された場合
→　差額分は除いて平均額を算出します（備考欄に差額支給分を記載）

ケース4　育児・介護休業中の者　→　被保険者資格は継続するため、休業直前の報酬月額が適用されます（備考欄に育児・介護休業中の旨を記載）。

ケース5　長期病気休職中のため賃金の支払いがないとき
→　休職前の額を報酬月額として算定基礎届を提出します（保険者算定）

## 総額報酬による厚生年金保険料

**現在の保険料率**
　毎月の給与に対して17.35％、賞与は1％です。賞与のウェイトが高ければ社会保険料が安く、給与のウェイトが高ければ保険料は高くなるしくみです。

**平成15年4月（「総報酬制」導入後）からの保険料率**
　給与・賞与ともに一律13.58％になります。月給に対する賞与の割合は、平均「0.3」であることから算出されています。結果、年賞与が月給の3.6倍（0.3×12月＝3.6）であれば納める保険料は同額です。3.6倍を超えると、年間に支払う賃金は同じでも社会保険料が高くなる計算です。

**同じ賞与額でも、保険料が変わってくる　～賞与にも上限がある**
　平成15年度からは、賞与に係る保険料も1人ずつ届け出ることになります。
例1）年2回の賞与（各100万円）
　　　100万×13.58％＝13万5800円。　13万5800円×2回＝ 27万1600円。
例2）年1回の賞与（200万円）
　　　150万円×13.58％＝ 20万3700円。
　賞与の総額が同じでも納める保険料は違います。社会保険料に反映される賞与に上限があるためです。上限額は1回につき150万円です。
（納める保険料が低ければ年金額も少なくなりますから、ご注意下さい）

社会保険料を計算する

3-6　その他の注意事項

# 第4章

# 毎月の事務手続き
## ―給与計算を行う―

## 4-1 労働保険・社会保険に必要な賃金データ

### 賃金とは

　労働保険や社会保険の事務手続には「賃金情報」が欠かせません。賃金や賞与をデータとして残しておくと、月々の保険料だけでなく、従業員の異動に伴う各種届出の作成も容易です。

　既に気づかれた方も多いでしょう。給与データをいかに活かすかが、労働保険・社会保険の事務簡素化のカギとなるのです。

　**賃金**とは、名称の如何を問わず、労働の対象として事業主から支払われるすべてのものを指します。その反面、保険料を計算する際は、賃金総額に含めない手当もありますから、あらかじめ賃金を識別しておく必要があります。

### 現物給与の価額

・　その地方の時価により厚生労働大臣・社会保険庁長官が定めます。
　　　　　（都道府県ごとに現物給与の評価額が設定されています）
・　健康保険組合の場合は、別の規約により定めることができます。

### 社会保険の賃金総額に算入するもの・しないもの

　基本的には、労働保険料の賃金に算入するものと同じです。ただし、社会保険では年4回以上の賞与は賃金と解されさますが、3か月を超える期間ごとに支給されるもの（年3回以下の賞与）や、臨時に受けるものは、賃金（報酬）の定義から除かれています。

　3か月を超える期間ごとに支給されるもの（年3回以下の賞与等）については、平成15年3月まで、は特別保険料の対象になっています。

## 労働保険料の賃金総額に算入するもの・しないもの

| 賃金と解されるもの | 賃金と解されないもの |
| --- | --- |
| ・基本給・固定給等基本賃金<br>・時間外労働、休日、深夜労働に対する割増賃金<br>・宿直料・日直料<br>・扶養手当<br>・休業手当(労働基準法26条)<br>・有給休暇日の給与<br>・家族手当<br>・住宅手当<br>・物価手当、勤務地手当<br>・通勤手当<br>・教育手当<br>・社会保険料、所得税の労働者負担分を事業主が負担した場合<br>・単身赴任手当<br>・賞与<br>・定期券、回数券<br>・現物給与としての食事の利益、被服の利益、住居の利益（原則） | ・休業補償費（労基法76条）<br>・退職金<br>・結婚祝金<br>・死亡弔慰金<br>・災害見舞金<br>・増資記念品代<br>・私傷病見舞金<br>・解雇予告手当（労基法20条）<br>・出張旅費・宿泊費等（実費弁償的なもの）<br>・制服<br>・傷病手当金<br>・チップ（原則）<br>・勤続報奨金<br>・会社が全額負担する生命保険の掛金<br>・寝具手当、工具手当<br>・財形貯蓄の事業主負担の奨励金 |

## 4-2 賃金台帳を作成する

## 給与計算の準備

### 給与項目を決めます

① 勤怠項目、単価項目、支給項目、賃金からの控除項目を決めます。
② 決めた項目の定義付けをします。　固定項目＝固　変動項目＝変
　＊固定項目の変動は昇給又は降給を示しますから、標準報酬月額の変更に注意しなければなりません。(随時改定　P 78)

| 勤怠項目 | 単価項目 | 支給項目 | 控除項目 |
|---|---|---|---|
| 所定労働日数 | 基本給単価　固 | 基本給 | 健康保険料 |
| 所定労働時間数 | 残業単価 | 残業手当 | 介護保険料 |
| 労働日数 | 休出単価 | 休出手当 | 厚生年金保険料 |
| 労働時間数 | 深夜単価 | 深夜手当 | 厚生年金基金掛金 |
| 早出残業時間数 | 有給休暇単価　固 | 有給休暇手当 | 雇用保険料 |
| 休日出勤時間数 | ☆給食単価　固 | ◇食事手当　変 | 源泉所得税 |
| 深夜労働時間数 | ☆食事控除単価 | ◇通勤手当　固 | ◆親睦会費 |
| 深夜残業時間数 | ☆宿日直単価 | ◇宿日直手当 | ◆食事代 |
| 有給休暇日数 | ☆ | ◇家族手当　固 | ◆ |
| ◎給食回数 | ☆ | ◇職務手当　固 | ◆ |
| ◎宿日直回数 | ☆ | ◇事務手当　固 | ◆ |
| ◎ | | ◇能率手当　固 | |

上記の項目を使用した計算式の例

　　　給食回数 × 給食単価 ＝ 食事手当 ……… 支給
　　　給食回数 × 食事控除単価 ＝ 食事代 …… 控除

> **最低賃金**
> 　賃金は都道府県で決めた、職種別の最低賃金以上を支払わなくてはなりません。(監督署は抜き打ちに事業所を調査する事があります)
> 　特別な事情で支払わない場合は、労働基準監督署長に「適用除外」の申請をして承認を受けておきます。

## 賃金からの控除項目

　賃金は労働者に全額支払われなければなりません(原則)。ただし、使用者と従業員を代表する者と「給与控除協定」を結びますと、賃金からあらかじめ控除することができます。［24協定］

　…［24協定］は監督署に届け出る必要はありません。

## 所定労働日数、時間

　事業所の勤務カレンダーからわりだします。

## 労働時間

　労働時間とは「使用者の指揮監督下にある時間」をいいます。
　就業規則で、始業時刻、終業時刻、休憩時間が決められています。
例えば
・　始業時刻以前又は終業時刻以後の時間は「使用者の指揮監督下にある時間」ではありません。
・　更衣時間、朝礼・体操(業務命令では労働時間となる)、入浴・洗面の時間
　…事業所の慣行で労働時間として扱っているなら、賃金の支払対象です。
　＜仮に＞労働時間と扱わない場合でも、この時間内に事故が発生した場合は、状況に応じて労災保険の対象になります。

## 残業手当、休出手当、深夜手当
### 時間外労働

　所定外労働が法定労働時間（1日8時間、1週40時間）を超える場合を、時間外労働といいます。

|  | ▼7時間 | ▼8時間（法定労働時間） |
|---|---|---|
| 会社で決めた所定労働時間 |  | 時間外労働 |

割増賃金が必要（労働基準法で義務づけています）

確認　時間外労働をさせるには、

　労働協約や就業規則等に「時間外労働を命ずることができる」定めをします。

　さらに、次の2つの要件が必要です。

（1）　使用者は、従業員の過半数を代表する者と(1年以内の期間を定めて)協定を結び監督署に届け出ます。→［36協定届］

（2）　割り増し賃金を支払います。

豆知識

　同日内の遅刻時間と残業時間は相殺することができます。

　ただし、他の日(遅刻した日と、残業した日が異なる場合)との相殺は、同じ週又は同じ月であってもできません。

　自宅に持ち帰った仕事や、業務命令によらない早朝出勤、残業は時間外労働として扱う必要はありません。

　　　　　【ここで言う「自宅での仕事」は在宅勤務ではありません】

確認　休日は法定休日と所定休日を就業規則で、はっきり分けて定義しておく必要があります。

割増賃金の計算方法

　　**時間外労働**　　時間外労働の基礎単価　×　100分の25　以上
　　**深夜労働**　　　時間外労働の基礎単価　×　100分の25　以上
　　**法定休日労働**　時間外労働の基礎単価　×　100分の35　以上

例）22時以降

　…時間外労働の基礎単価　×（100分の25＋100分の25）以上

　休日の22時以降

　…時間外労働の基礎単価　×（100分の35＋100分の25）以上

**時間外労働の基礎単価**とは、次の手当を除いた賃金の平均額です。

①家族手当*　②通勤手当　③子女教育手当　④別居手当　⑤住宅手当*　⑥臨時に支払われた賃金　⑦1箇月を超える期間ごとに支払われる賃金

* **家族手当**：扶養家族数に関係なく一律に支給される手当は、ここでの家族手当に該当しません（割増賃金の算定の基礎に算入します）。
* **住宅手当**：住宅に要する費用に定率を乗じた額を支給するもの。住宅に要する費用を段階的に区分し、費用が増えるにしたがって額を多く支給するものです。（住宅手当という名目でも、一律に支給されるものは、ここでの住宅手当に該当しません）

## 皆勤手当

年次有給休暇の不消化(取得しないこと)を(精勤)皆勤手当の支給要件にすることはできません。

豆知識

時間外労働の基礎単価は、(精勤)皆勤手当等のように付いたり付かなかったりした場合は、その都度変動します。

…ただし、付いた場合を基礎単価に統一することは差し支えありません。

<式>

$$基礎単価 = \frac{(基本給 + 職務手当 + 能率手当 + 食事手当 + 皆勤手当)}{1 箇月の平均所定勤務時間}$$

## 年次有給休暇

対象者　パートタイマー等の短時間労働者、アルバイト、臨時雇用者にも付与します。

条件　いずれも6か月以上継続勤務していること
　対象期間の8割以上の出勤率を満たす必要があります。

単位　半日単位まで、認められています。
　半日とは午前又は午後のことです。必ずしも按分する必要はなく、午前午後の所定労働時間数が相違しても（アンバランスであっても）、

あらかじめ就業規則にその旨を記載しておけば法的に問題はありません。

なお、法律で保障されている休暇日数については、時間単位で消化することはできませんが、法定を超える休暇日数については時間単位の付与も可能です。

## 退職直前の年次有給休暇

残り日数の請求は退職予定日を超さない限り有効です。

年度の途中で定年退職等を予定している者にも、通常の日数を付与します（退職までの残り期間の割合で付与することはできません）。

## 年次有給休暇日の賃金

年次有給休暇を取得した日は当然賃金が支払われます。賃金額は平均賃金又は通常の賃金に相当します（就業規則に定めます）。

ただし、使用者と従業員を代表する者と健康保険法による標準報酬日額で支払う旨、労使協定を結ぶと、これに従わなければなりません。

# 食事手当

社会保険料、労働保険料の対象になります。（→現物給与）

## 非課税の範囲

食事手当は1か月間に支払われる金額が3,800円未満の場合は非課税です。（1円でも超えた場合は全額課税の対象）

食事を無償で提供する場合は、手当として支給しなくても支給したものとみなして、源泉所得税がかかります。

# 夜間勤務者の夜食代

深夜勤務（午後10時から翌日午前5時）者に対して、夜食が提供できないため、これに代えて通常の給与に加算して支給される夜食代

## 非課税の範囲

支給額が勤務1回につき300円以下のものについては課税されません。（支給額が非課税限度額の300円を超えるかどうかは、支給額に105

分の100を乗じた金額により判定します）

## 宿日直手当

**非課税の範囲**

　1回の宿日直について支給される金額のうち、4,000円（宿直又は日直の勤務をすることにより、支給される食事がある場合には、3,800円からその食事の価額を控除した残額）までの部分については、課税されません。

　ただし、次に掲げる宿日直手当についてはその全額が課税対象となります。

（1）　休日又は夜間の留守番だけを行うために雇用された人、勤務する場所に居住し休日又は夜間の留守番を含めて勤務を行うものとして雇用された人に、その留守番に相当する勤務について支給される宿日直手当。

（2）　通常の勤務時間内の勤務として宿日直の勤務を行った人、勤務をしたことにより代休が与えられる人に支給される宿日直手当。

（3）　宿日直の勤務をする人の、通常の給与の額に比例した金額又はその給与の額に比例した金額に近似するように給与の額の階級区分等に応じて定められた金額により支給される宿日直手当（その宿日直手当が、上記の給与の額に比例した金額とその他の金額との合計額によって支給される場合には、その比例した部分の金額）

## 通勤手当

　社会保険料、労働保険料の対象になります。（→現物給与）

　通勤手当や通勤用定期乗車券（これらに類する手当や乗車券を含みます。）は、区分に応じ、それぞれ1か月当たり次の金額までは課税されません。

## 手当の区分と課税されない金額

| 区　　　分 | 課税されない金額 |
|---|---|
| ①交通機関又は有料道路を利用している人に支給する通勤手当 | 1か月あたりの合理的な運賃等の額（最高限度100,000円） |
| ②自転車や自動車などの交通用具を使用している人に支給する通勤手当　通勤距離が片道35km以上である場合 | 20,900円<br>運賃等の額が20,900円を超える場合には、その運賃相当額（最高限度100,000円） |
| ②自転車や自動車などの交通用具を使用している人に支給する通勤手当　通勤距離が片道25km以上35km未満である場合 | 16,100円<br>運賃等の額が16,100円を超える場合には、その運賃相当額（最高限度100,000円） |
| ②自転車や自動車などの交通用具を使用している人に支給する通勤手当　通勤距離が片道15km以上25km未満である場合 | 11,300円<br>運賃等の額が11,300円を超える場合には、その運賃相当額（最高限度100,000円） |
| ②自転車や自動車などの交通用具を使用している人に支給する通勤手当　通勤距離が片道10km以上15km未満である場合 | 6,500円 |
| ②自転車や自動車などの交通用具を使用している人に支給する通勤手当　通勤距離が片道2km以上10km未満である場合 | 4,100円 |
| ②自転車や自動車などの交通用具を使用している人に支給する通勤手当　通勤距離が片道2km未満である場合 | 全額課税 |
| ③交通機関を利用している人に支給する通勤用定期乗車券 | 1か月あたりの合理的な運賃等の額（最高限度100,000円） |
| ④交通機関又は有料道路を利用するほか交通用具も使用している人に支給する通勤手当や通勤用定期乗車券 | 1か月あたりの合理的な運賃等の額と②の金額との合計額（最高限度100,000円） |

## 4-3 給与計算をおこなう 電子データで管理する

## (例1)夜食手当の計算

① 勤務項目として、「夜食回数」を定義します

ここでは、入力単位を入れておく程度で足ります。

② 単価項目（夜食代単価）を設定します

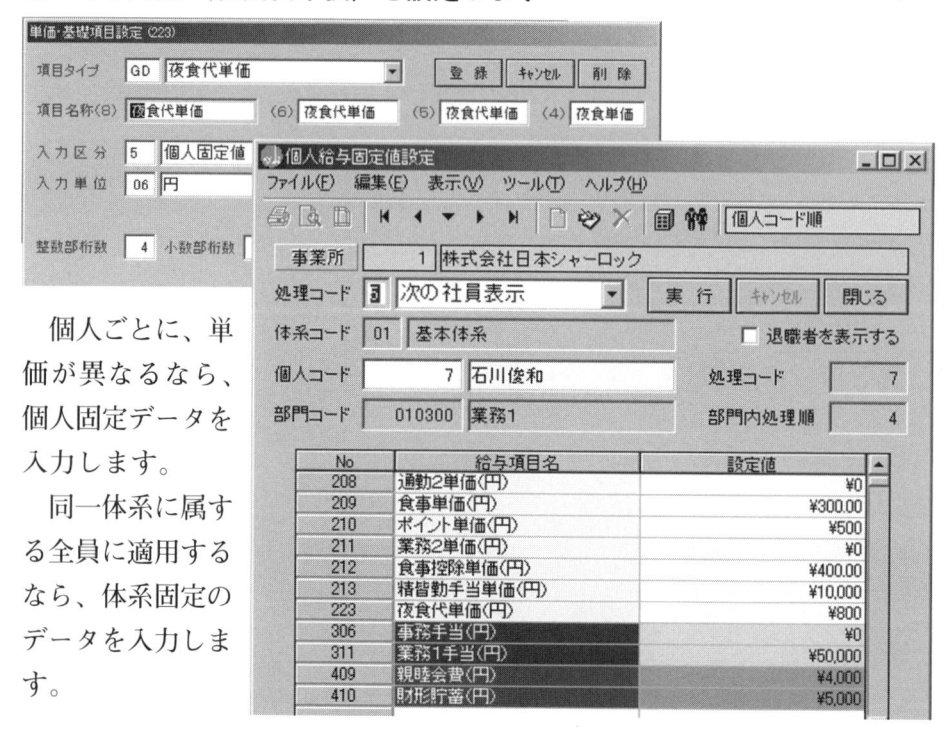

個人ごとに、単価が異なるなら、個人固定データを入力します。

同一体系に属する全員に適用するなら、体系固定のデータを入力します。

③ 手当の計算式を設定します
（式） ①夜食回数 × ②夜食代単価 ＝ 夜食手当

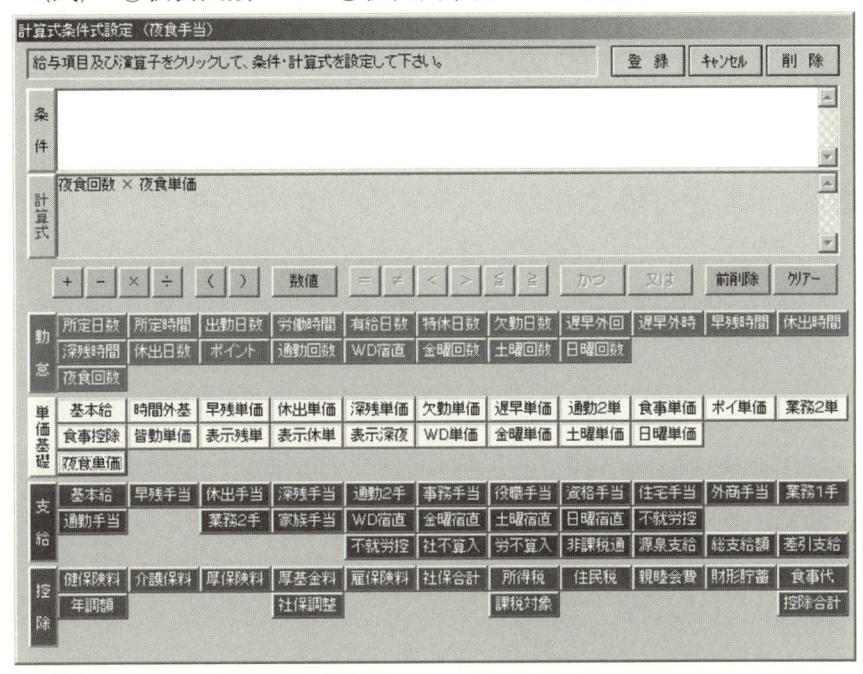

夜食手当支給対象の従業員のうち、勤務項目に夜食回数のデータが入った人は、自動的に「夜食手当」が計算されます。

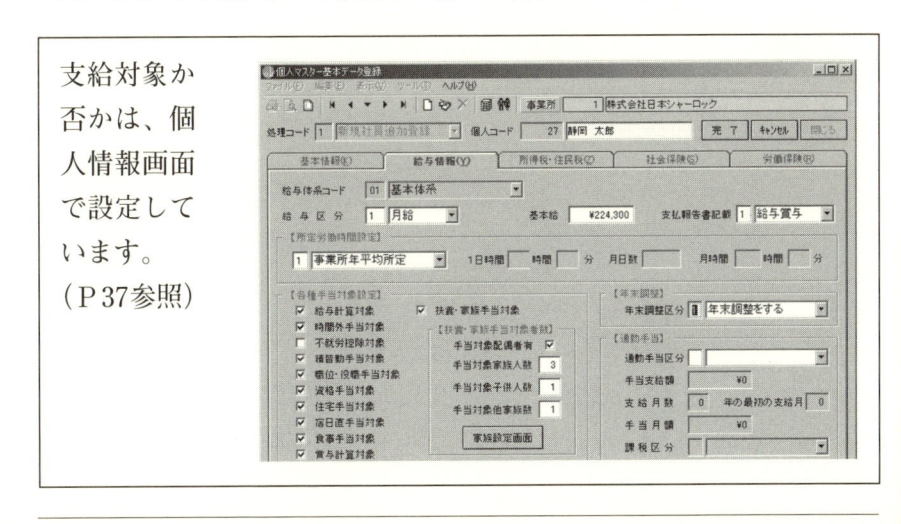

支給対象か否かは、個人情報画面で設定しています。
（P37参照）

4-3 給与計算をおこなう　109

毎月の事務手続 給与計算を行う

④ 保険料や所得税等の設定をします

夜食手当は、賃金の総合計に加算します。

割増賃金における、時間外基礎単価の対象にはしません。（P103参照）

社会保険料・労働保険料の計算に算入します。（P98、99参照）

## 給与月例データ画面

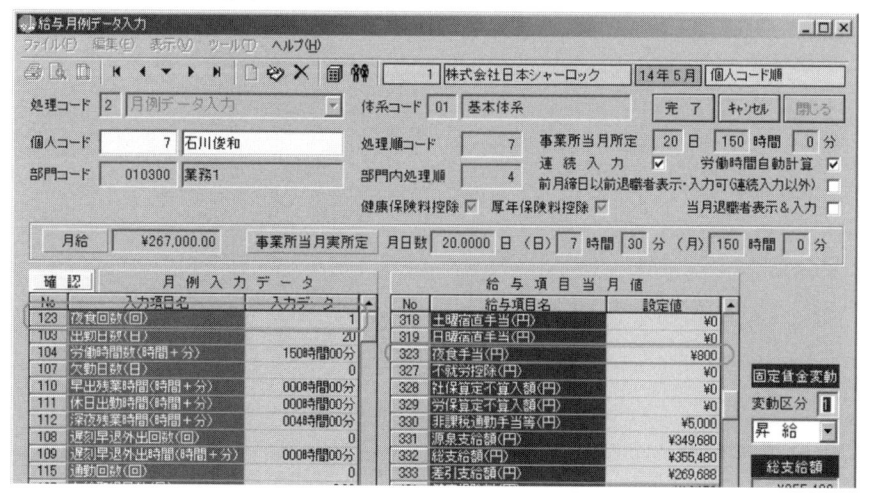

## (例2) 外商手当の計算

① 勤務項目に「外商ポイント」を設定（P 108 参照）。
② 単価項目に「ポイント単価」を設定（P 108 参照）。
③ 外商手当の計算式を入力（P 109 参照）。
　　外商ポイント × ポイント単価 ＝ 外商手当
④ 保険料や所得税等の設定をします。

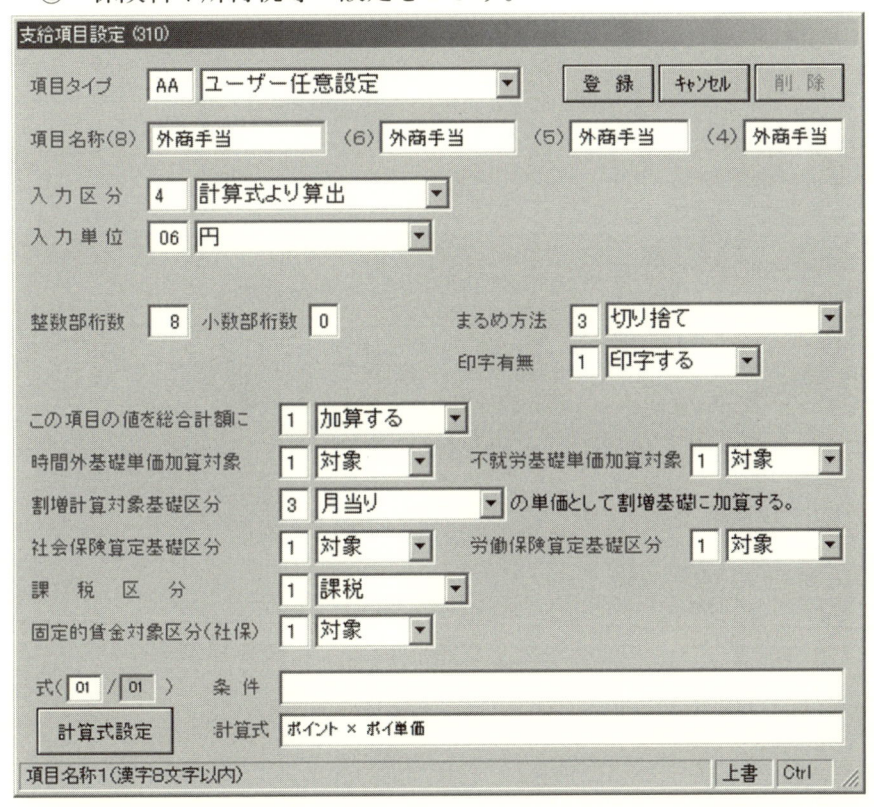

| 支給項目設定 (310) | | |
|---|---|---|
| 項目タイプ | AA ユーザー任意設定 | 登録 キャンセル 削除 |
| 項目名称(8) | 外商手当 (6) 外商手当 (5) 外商手当 (4) 外商手当 | |
| 入力区分 | 4 計算式より算出 | |
| 入力単位 | 06 円 | |
| 整数部桁数 | 8 小数部桁数 0 | まるめ方法 3 切り捨て |
| | | 印字有無 1 印字する |
| この項目の値を総合計額に | 1 加算する | |
| 時間外基礎単価加算対象 | 1 対象 | 不就労基礎単価加算対象 1 対象 |
| 割増計算対象基礎区分 | 3 月当り | の単価として割増基礎に加算する。 |
| 社会保険算定基礎区分 | 1 対象 | 労働保険算定基礎区分 1 対象 |
| 課税区分 | 1 課税 | |
| 固定的賃金対象区分(社保) | 1 対象 | |
| 式 ( 01 / 01 ) | 条件 | |
| 計算式設定 | 計算式 ポイント × ポイ単価 | |
| 項目名称1(漢字8文字以内) | | 上書 Ctrl |

・ 時間外基礎単価の加算対象にチェックをつけると、時間外手当の基礎単価の計算式に「外商手当」も加わるしくみです。（P 103 参照）
・ 「固定的賃金の対象」にチェックをつけると、随時改定のチェック対象とみなし、必要に応じてフラグをたてることができます。（P 80 参照）

4-3 給与計算をおこなう　111

# ▌シャルフで応用編　社労法務システムの紹介
### シャルフなら給与計算がいとも簡単！！

　各項目の場所を、クリックすると、項目定義の画面が飛び出します。項目タイプの中から、使いたい項目を選択するだけで、ＯＫ。
　たとえば、深夜業の夜食代を支給するとすれば、

① **空いている勤務項目「123」をクリック**

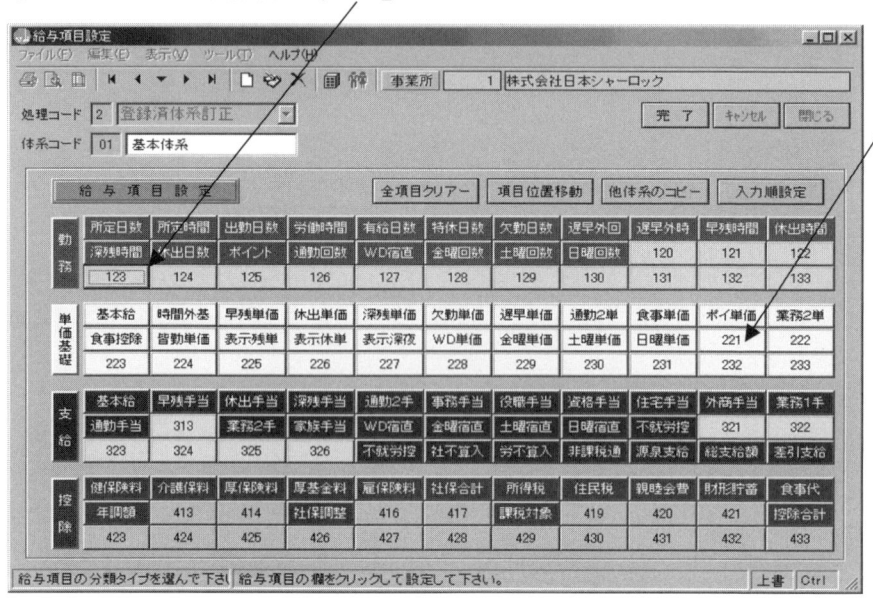

② **項目タイプの中から夜食回数を選択し、登録をクリック。**

既に、一定の項目は登録されています。

③ 単価基礎項目を設定します。空いている項目「221」をクリック

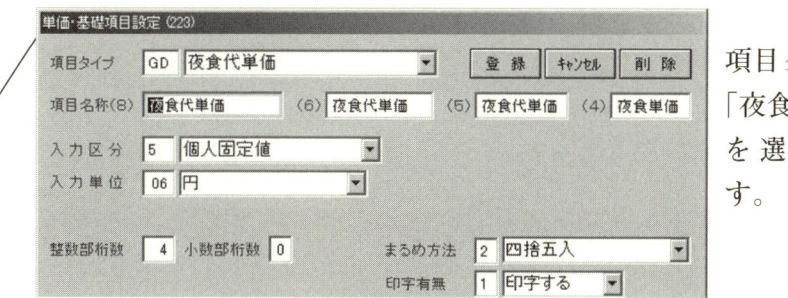

項目タイプで「夜食代単価」を選択します。

④ 計算式も、ボタンで作成（P 109 参照）
⑤ 手当における保険料、所得税等の関係も設定されています。
⑥ **個人独自の固定値の設定も可能です。**

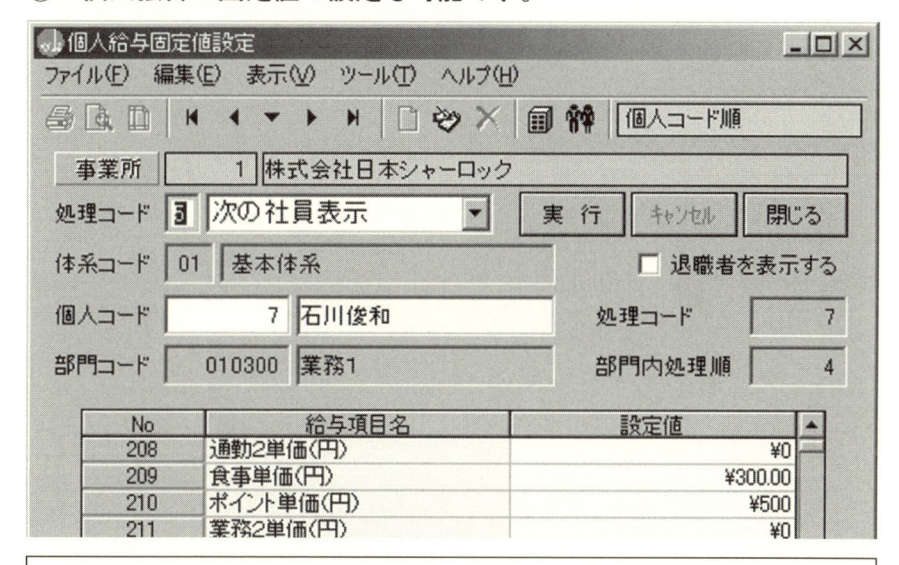

項目設定の中には、法律に必要なすべての要素が組み込まれていますから、源泉徴収の知識や、社会保険・労働保険の知識がなくても、毎月の計算は誰でも簡単に行えます。この例で説明しますと、夜食代については所得税法上の非課税計算、社会保険上の集計対象、労働保険上の集計対象といったように、あらゆる集計に担当者が気を遣うことなく正確で、素早い計算ができます。

4-3 給与計算をおこなう　113

毎月の事務手続 給与計算を行う

⑦ 月例データ入力で計算即完了。呼び出せば保険料の計算も完了してます。

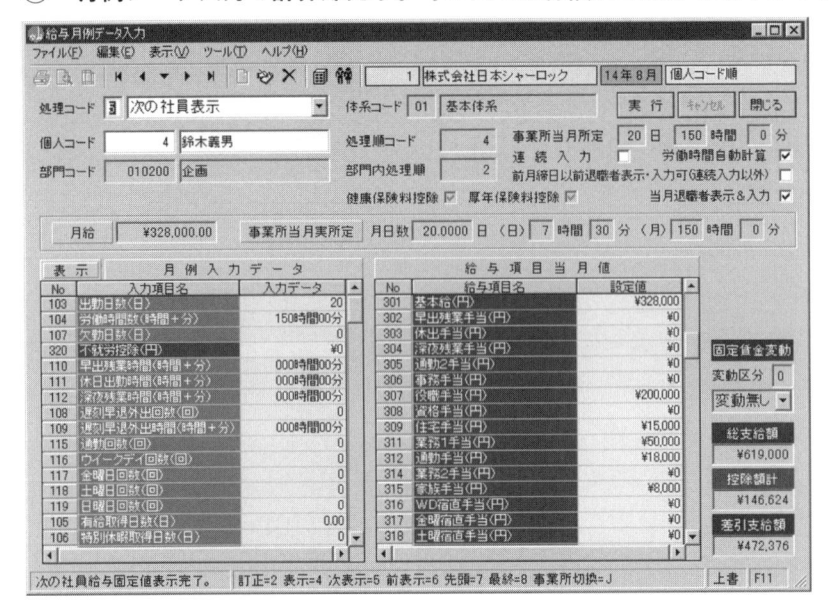

## CD-Ⅰ-17頁　給与支払い明細書

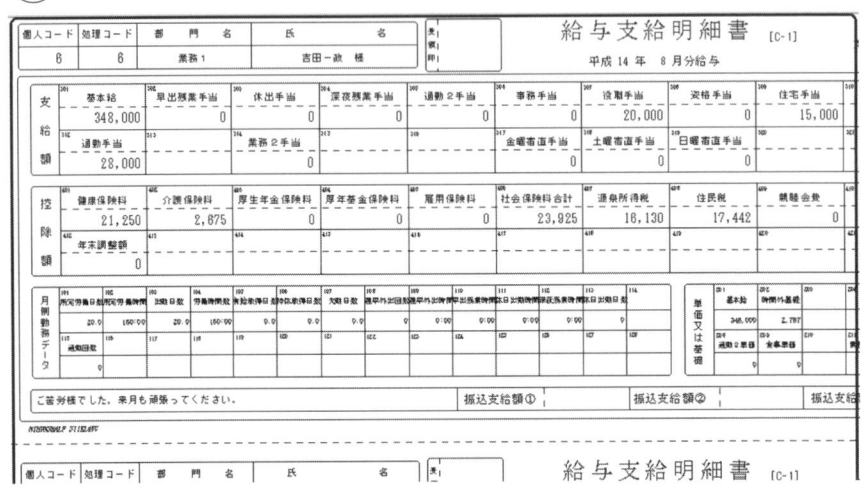

・給与明細は6種類。

・備考欄にオリジナルメッセージも可能です。

・オリジナル帳票に出力調整することもできます。

■賃金管理から、月別賃金台帳一覧表も出力できます。

固定支給の変動は毎月、前月と比較して昇給、降給を自動感知しています。

CD-Ⅰ-19頁

4-3 給与計算をおこなう　115

毎月の事務手続 給与計算を行う

## 4-4 源泉所得税の対象となる賃金

### 給与所得の範囲

　給与所得とは、俸給、給料、賃金、歳費、賞与のほか、これらの性質を有するものを言います。(所得税法28条1項)
　給与所得の範囲について注意すべき主な事項は、次の通りです。

### 特殊な給与の取り扱い

（1）　通勤手当等…一定の条件の下に非課税となります。
（2）　旅費…通常必要と認められるものについては課税されません。
（3）　宿日直手当…一定の条件の下に非課税となります。
（4）　夜間勤務者の食事代…一定の条件の下に非課税となります。
（5）　交際費等…一定の条件の下に非課税となります。
（6）　結婚祝金等…支給を受ける方の地位等に照らして社会通念上相当と認められる金品については課税されません。
（7）　葬祭料、香典、見舞金等…その金額が社会通念上相当と認められるものであれば課税されません。
（8）　死亡した人の給与…死亡後に支給期の到来する給与のうち、相続税法の規定により相続税の課税価格計算の基礎に算入されるものについては、所得税は課税されません。
（9）　労働基準法等の規定による各種補償金…労働基準法第8章第75条〜第82条＜災害補償＞の規定により受ける療養の給付や費用、休業補償、障害補償、打切補償、分割補償(障害補償の部分に限ります)、遺族補償、及び葬祭料については、所得税は課税されません。
（10）　学資金…所得者本人に対する研修会、講習会、大学等の聴講費用、に充てる費用として適正なものであれば課税されません。(正規の大学、高等学校は対象になりません。)

(11) 在外手当…勤務地の物価、生活水準、生活環境、為替相場等の状況から見て、手当として加算した額が、国内の勤務と比較して、同等になる金額については課税されません。
　　［法律は、「利益を受けると認められない部分の金額」という表現をしています。］
(12) 発明報償金等の支給…業務上有益な発明、考案又は創作した人に支給する報償金、表彰金、賞金等について、一定の条件に当てはまる場合は課税されません。
(13) 適格退職年金契約等に基づく掛金等…財形信託、中退金など

### 現物給与

　食事、ガソリンの現物支給や商品の値引き販売、物又は権利、住居等につき無償又は低い対価による経済的利益、個人的債務の免除又は負担による経済的利益等について、課税されるものと、課税されないものがありますから注意が必要です。

## 源泉所得税計算のしかた

　　給与総支給額－非課税額－社会保険料＝社会保険料控除後の給与額
・社会保険料控除後の給与額」を税額表にあてはめ、「ランク」付けをします。
・「ランク」に、扶養親族控除対象人数を当てはめて、「源泉徴収税額表」から税額を算出します。
・コンピュータで計算する場合は、「財務省告示の方法」によります。

4-4　源泉所得税の対象となる賃金　117

# 4-5 毎月の控除

## 所得税

　源泉徴収した所得税は翌月の10日までに納付します。納付が遅れますと、不納付加算税という罰金が課せられるため要注意！［5％……］

## 雇用保険料

　労働保険料は、国と事業主との間では1年度に1回、まずは概算保険料として納めます。事業主と従業員との間では、従業員に賃金が支払われる都度、事業主は保険料を徴収します。

　保険料を控除した場合は、労働保険料控除に関する計算書を作成し、その控除額を被保険者に知らせます。また、事業所においては、一般保険料控除計算簿を作成し、備えることになります。

- 雇用保険料の免除対象である65歳以上の一般被保険者からは保険料は徴収しません。
- 日雇労働被保険者は、一般保険料のほか、印紙保険料もあわせて負担することになります。
- コンピュータで給与計算をする場合は、公共職業安定所に雇用保険料の控除を料率で計算する旨を届け出なくてはなりません。

---

### 給与の口座振込み

　労働基準法では、給与は直接、本人に支払うことを原則としています。最近は銀行振込みを利用する企業が多いようですが、あくまでも、支払方法は各人が決めることになります。

　口座振り込みをする場合は、一人一人、書面による同意を得なければなりません。ただし、「口座指定届等」に振込み先を記入することで、同意があったものとみなされます。

**CD-Ⅱ-Word（03-1）　離職証明書コンピューター作成承認申請書**

離職証明書コンピューター作成承認申請書

　このことについて、下記事項を遵守いたしますので離職証明書のコンピューターによる作成を承認して頂きたく申請します。

事業所
　名　　称
　所　在　地
　事業所番号
　被保険者数　　　　　業　種

記

1．記載要領に従って記載します。
2．事実を誤りなく記載します。（特に賃金額算定方法及び賃金支払基礎日数等）
3．印字位置等を正確にします。
4．漢字を含めて書くべき箇所をカナのみで印字することはいたしません。

平成　　年　　月　　日

＊＊＊公共職業安定所長殿

　　　　　　　所　在　地
　　　　申請者　名　　称
　　　　　　　代表者氏名　　　　　　　　　印

## 社会保険料

　事業主が納める毎月の保険料は、社会保険事務所から毎月送られてくる「保険料納入告知書」によりわかるしくみになっています。事業主はこの告知書に従い、月末までに事業主負担分と被保険者負担分の保険料を合わせて納付します。

　納入告知書には、通常、前月分の健康保険料・介護保険料、厚生年金保険料そして児童手当拠出金の合計額が記入されています。毎月の給与からは、この前月分の保険料を徴収するのです。

---

**下記の保険料の合計額が納入告知書に記載されてきます**

健康保険料：被保険者の標準報酬月額の合計×1,000分の82
　　　　　　　　　　　（平成14年度までは1,000分の85）
介護保険料＊：被保険者の標準報酬月額の合計×1,000分の10.7
厚生年金保険料：被保険者の標準報酬月額の合計×1,000分の135.8
　　　　　　　　　　（平成14年度までは1,000分の173.5）
児童手当拠出金：厚生年金保険の被保険者の標準報酬月額合計
　　　　　　　　　×1,000分の1.1（全額事業主負担）

---

＊被保険者が月末退職をするとき以外は、当月分の社会保険料を徴収することはできません。

＊介護保険料：40歳以上の人は介護保険料も徴収されます。
　ただし、本人が40歳未満であっても、被扶養者が40歳を超えていれば、介護保険料を徴収する［健康保険組合］もあります。

ポイント
・　被保険者の資格取得・喪失を把握しておきます。
・　従業員から徴収した社会保険料の合計額一覧表を作成しておきます。

# 第5章

# 年末調整

## 5-1 年末調整はなぜおこなう

　会社では、給与や賞与を支払う際は、所得税を源泉徴収しています。この徴収した所得税1年間分の合計と、その年に納付すべき税額とを比べ、過不足を精算する手続が「年末調整」です。

　会社は、国税庁から配布される「源泉徴収税額表」と本人から申告される「給与所得者の扶養控除等申告書」、社会保険料等に基づき、毎月の給与から所得税を控除します。ところが、1年間をトータルしてみると、必ずしも所得に対し徴収した所得税が適切であるとは限りません。臨時に支払われる給与、職場や家族の異動により、所得から控除すべきものなどが生じるためです。

　結果、会社は月々の給与計算に組み込まれなかった所得税控除等、すべての項目を年末に集計し直します。月ごとに源泉徴収した所得税1年間の合計と本来納めるべき1年間の所得税額を一致させるためです。

＊給与所得者の所得税は、支払を受けた年間の所得総額に対し各種の所得控除をしたうえで算出されます。

## ▌電子データで管理する

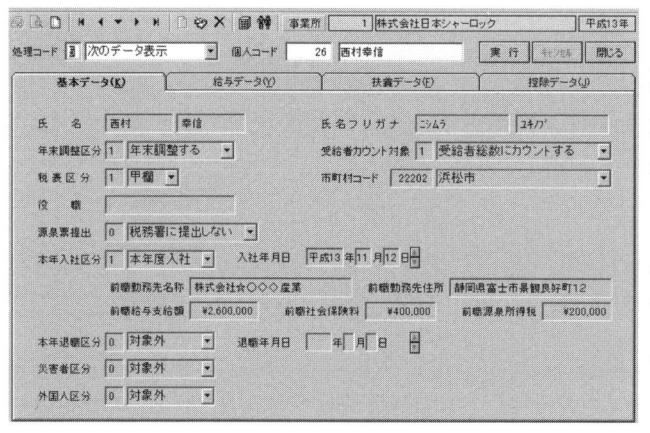

　年の中途で就職し前職がある場合、前職の源泉徴収票により、「給与支払額」「源泉徴収額」「社会保険料支払額」を入力します。

| 年末調整の対象となる人 | 年末調整の対象とならない人 |
|---|---|
| （1）1年を通じて勤務している人。<br>（2）年の中途で就職し、年末まで勤務している人。<br>（3）年の中途で退職した人のうち、次の人<br>　①死亡により退職した人<br>　②著しい心身の障害による退職者で本年中に再就職を見込めない人<br>　③12月中に支給期の到来する給与の支払を受けた後に退職した人。<br>　④パートタイマー等の退職者で本年中に支払を受ける給与の総額が103万円以下の人（退職後本年中に再就職が見込まれる人は除きます）<br>（4）年の中途で海外の支店に転勤した等の理由により、非居住者となった人。 | （1）左欄に掲げる人のうち、本年中の主たる給与の収入金額が2,000万円を超える人。<br>（2）左欄に掲げる人のうち、災害により被害を受けて、本年分の給与給与に対する源泉所得税の徴収猶予又は還付を受けた人。（*災害被害者に対する租税の減免、徴収猶予等に関する法律より）<br>（3）2か所以上から給与の支払を受けている人で、他の給与支払者に「給与所得者の扶養控除等（異動）申告書」を提出していない人。<br>（4）年の中途で退職した人で、左欄の（3）に該当しない人。<br>（5）非居住者<br>（6）継続して同一の雇用主に雇用されない、いわゆる日雇い労働者等。 |

## 年末調整を行う時期

　年末調整は本年最後に給与の支払をするときに行います。通常は12月に行いますが次に掲げる人は、それぞれ次の時期に年末調整を行います。

　　上記表の（3）①②③④に該当する人・・・退職の時
　　　　　　（4）　　　　に該当する人・・・非居住者となった時

## 5-2 年末調整の事務手順

### 申告書の配布、回収、チェック

#### [給与所得者の扶養控除等（異動）申告書]
配布と回収＆チェック
　　配偶者の有無………単に配偶者がいるかどうかの質問です
　　　　A控除配偶者……所得控除対象配偶者について詳細に記入してもらう
　　　　B控除対象扶養親族に関して詳細に記入してもらう
　　　　C障害者等………本人、配偶者、扶養親族について該当者がいる場合記入してもらう
　　　　D他の所得者が控除を受ける扶養親族がいる場合に記入してもらう
　　　　E従たる給与から控除を受ける扶養親族がいる場合記入してもらう

ポイント
　　扶養に関する情報は、個人マスターにある項目と連動させます。
　　必要に応じて修正もできるようにします。

| 基本データ(K) | 給与データ(Y) | 扶養データ(F) | 控除データ(J) |
|---|---|---|---|

| 本　　　人 | | 扶養親族 | | 控除対象人数 | |
|---|---|---|---|---|---|
| 老年者区分 | 0　対象外 | 扶養親族 | 2人 | 控除対象配偶者・扶養親族人数 | 3人 |
| 障害者区分 | 0　対象外 | 同居特別障害者 | 0人 | 同居特別障害者人数 | 0人 |
| 寡婦区分 | 0　対象外 | 特別障害者 | 0人 | 同居でない特別障害 | 0人 |
| 勤労学生区分 | 0　対象外 | 障　害　者 | 0人 | 一般障害者・寡婦・寡夫・勤労学生 | 0人 |
| 未成年者区分 | 0　成人 | | | 特　別　の　寡　婦 | 0人 |
| | | | | 老　　年　　者 | 0人 |
| 配　　偶　　者 | | 同居老親等 | 0人 | 同居老親等人数 | 0人 |
| 控除対象区分 | 2　控除対象 | 特定扶養親族 | 0人 | 特定扶養親族人数 | 0人 |
| 障害者区分 | 0　対象外 | 老人扶養親族 | 0人 | 老人配偶者・年少 老人扶養親族 | 0人 |
| | | 年少扶養親族 | 0人 | | |

扶養者名(適用) 妻:真裕美,長女:真奈美,義母:真紀子　　　　控除額合計　¥1,520,000

## ▌[給与所得者の保険料控除申告書兼給与所得者の配偶者特別控除申告書]

配布と回収＆チェック

  生命保険料の控除……１年間に支払った額をそのまま入力
  損害保険料控除………同上。満期返戻金の支払いの有無により区別
         して入力
  社会保険料控除………配偶者、扶養家族の国保、年金保険料等を入力
  給与所得者の住宅借入金等特別控除
       ………税務署と金融機関の証明書を添付した申告書
         が必要です。
  小規模企業共済等掛金控除の対象となる掛金の証明書
       ………小規模企業共済契約に基づいて支払った掛金
         について交付されます。
  配偶者特別控除………配偶者の年間所得により控除額が違います。
         （2003年度から廃止されます）

## ▌社労法務システムなら

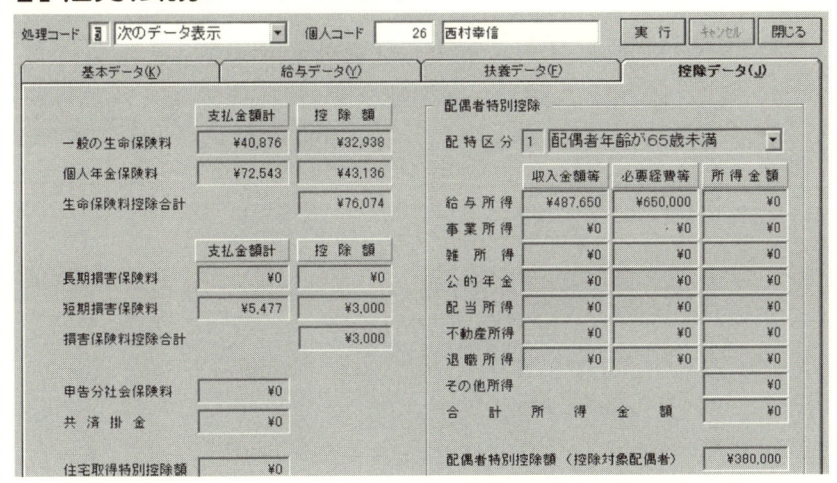

「保険料控除申告書 兼 給与所得者の配偶者特別控除申告書」に基づいて支払金額のみを入力すれば、控除額は自動的に算出されます。

5-2　年末調整の事務手順

# 給与総額・徴収税額の集計

・給与データは、賃金台帳と連動させ自動表示させます。
・前職の源泉徴収票により給与、源泉徴収額、社会保険料も加算します。

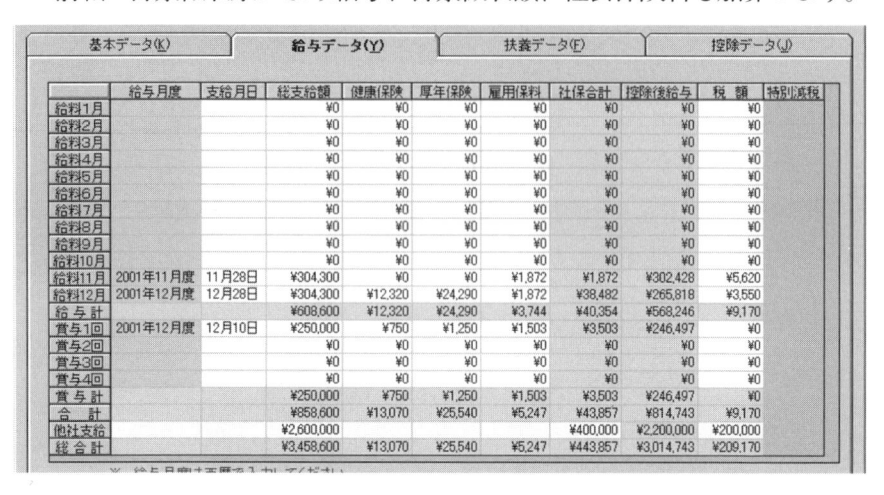

# 申告書に基づき入力・確認

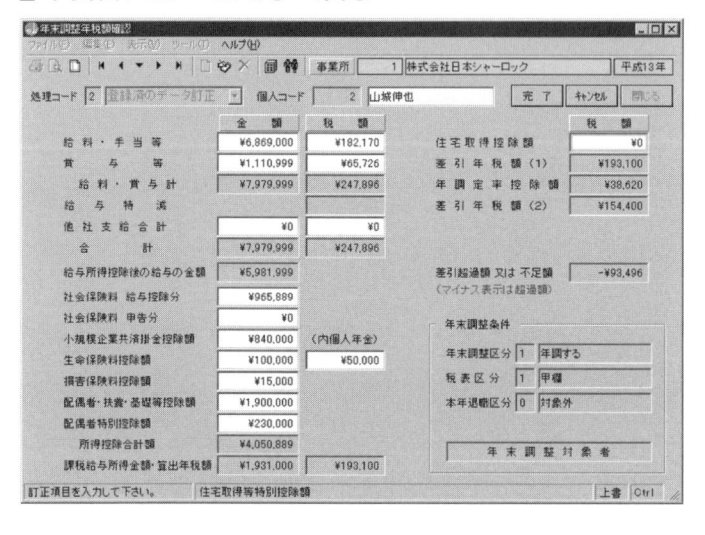

確認画面上で手直しもできるようにしておきます。

・チェックリストにより、1年間の給与・賞与の総額、源泉徴収税額、社会保険料の額を確認します。

> **未払い給与** 本年中に支払の確定したものは、未払いであっても今年の年末調整の対象になります。今年支払ったものでも、前年の繰越し分であれば、年末調整の対象にはなりません。
> **社会保険料** 今年支払った保険料が対象です。昨年の社会保険料を今年の給与から控除した場合は、今年の年末調整の対象です。

## 源泉所得税額は、当年最後に支払う給与or賞与で精算

### 過納額の精算

　12月分として納付する源泉徴収税額から還付していきます。還付しきれない分は、その後に納付する源泉徴収税額から順次還付されます。2月末までに還付しきれないときは、従業員の委任状を得て、事業主は税務署に「残存過納額明細書」を提出し一括還付を受けます。

### 不足額の精算

　不足額はその年の最後の給与から徴収します。徴収額の方が多い場合には、来年の給与から順次徴収します。

　（最後の給与から不足額を全額徴収すると、12月分の手取額が1～11月の平均給与額の70％未満になる場合は、不足額を繰り延べることができます。その際は、税務署の承認が必要です。）

## 年末調整作業の完了

　帳票の出力
年末調整一覧表
源泉徴収票出力（P 153参照）
源泉徴収簿出力（P 129参照）
年末調整明細書→個人宛に送ります。

# シャルフで応用編　社労法務システムの紹介

源泉徴収票は全国の各国税局配布に対応しています。

◆給与支払報告書＜総括票＞も作成できます

源泉徴収簿は、中途入社の従業員情報も連動しています。

## CD-I-21頁　源泉徴収簿

### 年末調整後に扶養親族の異動が生じた場合

　扶養控除などの人的控除は、その年の12月31日の現況によって判断されます。年末調整後に子が誕生した場合でも、その年の扶養控除の対象になります。子供が生まれて扶養親族が増えた場合は、年末調整のやり直しをすることになります。

　やり直す際は、再度「給与所得者の扶養控除等異動申告書」を提出します。期限は、その異動があった年の翌年の1月末日までです。

　年末調整をやり直さない場合は、確定申告によって所得税の還付を受けることもできます。

## 年末調整の事務手順図

**準備作業 1**

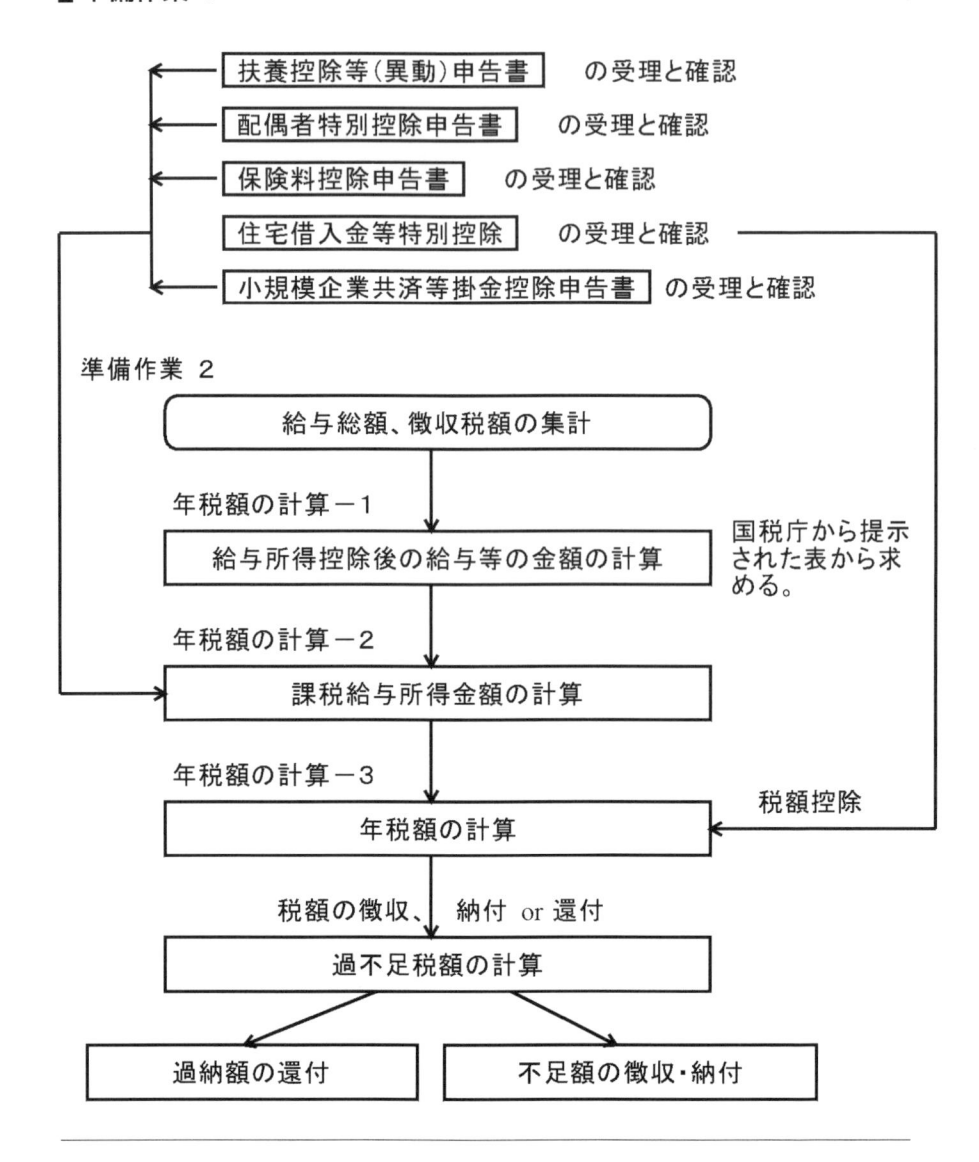

- 扶養控除等（異動）申告書 の受理と確認
- 配偶者特別控除申告書 の受理と確認
- 保険料控除申告書 の受理と確認
- 住宅借入金等特別控除 の受理と確認
- 小規模企業共済等掛金控除申告書 の受理と確認

**準備作業 2**

給与総額、徴収税額の集計

年税額の計算－1
給与所得控除後の給与等の金額の計算 … 国税庁から提示された表から求める。

年税額の計算－2
課税給与所得金額の計算

年税額の計算－3
年税額の計算 ← 税額控除

税額の徴収、納付 or 還付
過不足税額の計算

- 過納額の還付
- 不足額の徴収・納付

## 給与所得控除の給与等の金額

「給与所得控除後の給与等の金額」とは、年間に支払われた給与総額に税額計算用に読み替えた「給与所得総額」です。年末調整はこれをもと控除を行った上で正式な「課税給与所得金額」を算出します。

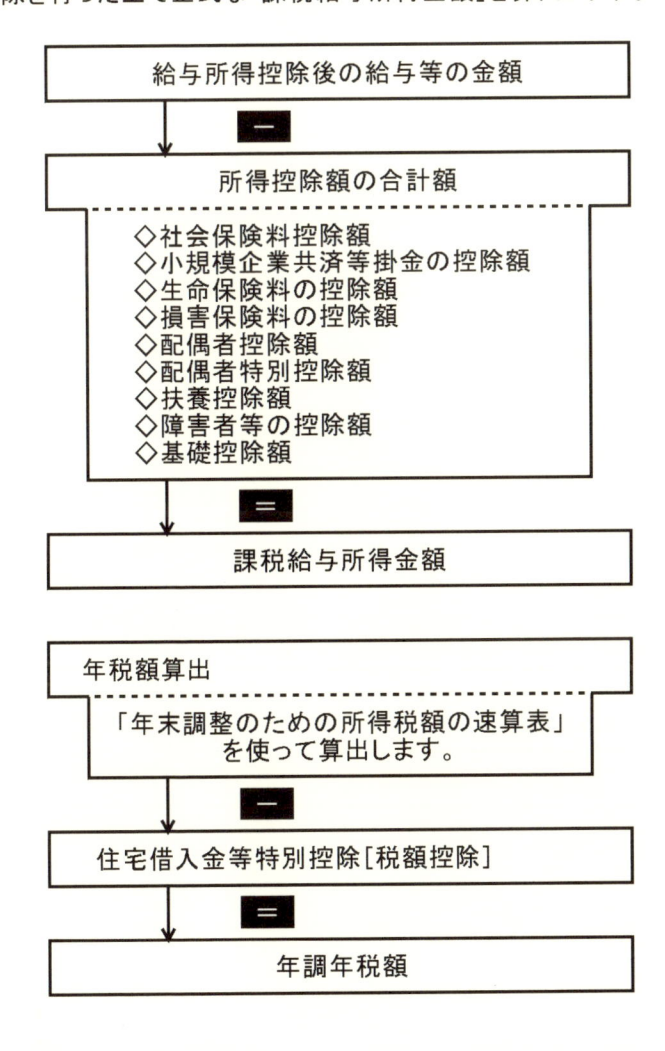

```
┌─────────────────────────────┐
│  給与所得控除後の給与等の金額  │
└─────────────────────────────┘
              │
              ▼
             ━
┌─────────────────────────────┐
│       所得控除額の合計額       │
│ ‥‥‥‥‥‥‥‥‥‥‥‥‥‥‥‥ │
│    ◇ 社会保険料控除額         │
│    ◇ 小規模企業共済等掛金の控除額 │
│    ◇ 生命保険料の控除額       │
│    ◇ 損害保険料の控除額       │
│    ◇ 配偶者控除額            │
│    ◇ 配偶者特別控除額         │
│    ◇ 扶養控除額              │
│    ◇ 障害者等の控除額         │
│    ◇ 基礎控除額              │
└─────────────────────────────┘
              │
              ▼
             ＝
┌─────────────────────────────┐
│         課税給与所得金額        │
└─────────────────────────────┘


┌─────────────────────────────┐
│ 年税額算出                    │
│ ‥‥‥‥‥‥‥‥‥‥‥‥‥‥‥‥ │
│   「年末調整のための所得税額の速算表」│
│        を使って算出します。     │
└─────────────────────────────┘
              │
              ▼
             ━
┌─────────────────────────────┐
│  住宅借入金等特別控除［税額控除］ │
└─────────────────────────────┘
              │
              ▼
             ＝
┌─────────────────────────────┐
│          年調年税額            │
└─────────────────────────────┘
```

第6章

# 退職の手続き

## 6-1 退職の手続の前に知っておきたいこと

**退職の種類**　就業規則に記載していなければなりません。

### ▌定年退職

　退職年齢　60歳以上
　60歳を引き上げると雇用助成金の対象となる場合があります（＊参照）
- 　退職時期　基準退職日には、いろいろな決め方があります
    - なった日の属する月の給与締め日
    - なった日の属する会社の決算期末日
    - なった日の属する歴年度末日
    - なった日の属する歴月末日
- 　予告期間　最低30日前に予告
- 　定年延長　できる場合はその対象者、その期間を定めます。
    - 希望者全員にその機会を与える場合は雇用助成金の対象となることもあります。

---

※　**継続雇用制度奨励金**（平成14年版（財）高年齢雇用開発協会資料）
　定年の延長や継続雇用制度を導入する会社に支給されるもの
　|助成額|　最高5年間で1,500万円が支給。（内容に応じて異なります）
　|要件|　①雇用保険が適用される事業所であること　②労働協約または就業規則により61歳以上の年齢へ定年引上げを行ったこと　③制度導入の1年前に、労働協約または就業規則により60歳以上の定年を定めていること

---

### ▌自己都合

　行方不明…………期限付きの予告でみなし希望退職扱い
　自己都合…………退職願提出により手続に入ります
　休職期間の満了……復職できないとき→退職願提出

### 本人の事情に起因する解雇

懲戒解雇に該当するケースを就業規則に列挙しておきます。

就業規則に具体的な解雇事例がない場合は、懲戒解雇と認められない場合があります。

### その他の本人の事情に起因する解雇

解雇理由が就業規則に列挙されていなくてはいけません。

これは、不当労働解雇とみなされる場合があるためです。

### 会社都合

30日前に解雇予告する必要があります。解雇予告できない場合は、そのできない日数分の賃金を支払わなくてはなりません。これを「解雇予告手当」といいます。

### 雇用期間の満了

雇用期間の再々更新により、長期にわたって雇用契約が継続している場合は、雇用期間の満了とはいうものの通常の更新とは異なります。あらかじめ予想できうる限り、今回の更新を最後に「次はない」旨、雇入通知書に具体的な理由を添えて記載しておくとよいでしょう。

＊期間の中途で解雇する場合は、解雇予告が必要です。

| （原則）解雇予告が不要な人 | （例外）解雇予告が必要な場合 |
|---|---|
| ①日日雇入れられる者 | ①1箇月を超えて引き続き使用される場合 |
| ②2か月以内の期間を定めて使用される者 | ②③所定の期間を超えて引き続き使用される場合 |
| ③季節的業務に4箇月以内の期間を定めて使用される者 | |
| ④試の使用期間中の者 | ④14日を超えて引き続き使用される場合 |

6-1 退職の手続の前に知っておきたいこと

## 定年退職者へのお知らせ

＜通知書＞

　　長い間のお勤めご苦労さまでした。貴殿は来る平成〇年〇月〇日付けをもって、満60歳になられます。したがって、当社の就業規則第何条の規定により　平成〇年×月×日をもって、定年退職となります。
　　以上あらかじめご通知申し上げます。
　　なお、別紙「退職に関するお知らせ」に基づいて「退職届」にご記入のうえ、所属長にご提出下さい。
　　平成〇年〇月〇日

　　　　　　　　　　　　　　　　　株式会社〇〇〇〇工業
　　　　　　　　　　　　　　　　　代表取締役　南野園雄

　　何　　某　　殿

## 会社の事情に起因する解雇

＜解雇通知書＞

　　貴殿は就業規則第何条により平成〇年△月☆日付けをもって解雇いたします。
　　以上通知します。
　　なお労働基準法第20条による解雇予告手当、金￥￥￥￥￥￥￥￥円也は〇月×日　以降いつでもお支払いいたしますから、担当〇〇にてお受け取り下さい。
　　平成〇年〇月〇日

　　　　　　　　　　　　　　　　　株式会社〇〇〇〇工業
　　　　　　　　　　　　　　　　　代表取締役　南野園雄

　　何　　某　　殿

■解雇予告をした場合
　30日以上の解雇予告期間を設けた場合は、解雇予告手当を支払う必要はありません。
　解雇予告日と解雇日が30日に満たないときは、不足の日数分だけ解雇予告手当を日割りで支払います。

◆予告後の期間について、出社の有無を明らかにしましょう。
　**通常勤務を命ずる場合**は、給与は通常通り支払います
　**会社命令で出社させない場合**は、60％以上の休業補償を支払わなくてはなりません。

◆解雇予告せずに即時解雇ができる場合（解雇予告適用除外）
・　再起不能の天災事変のように、事業継続が見込めなくなったとき
・　労働者の責めに帰すべき事由に基づき解雇するとき
（いずれも労働基準監督署長の認定を受けなければなりません）

■解雇が制限される場合があります
　業務上の負傷・疾病による療養期間およびその後30日間
　　　　　　　　　　　　　　　　　　……－労基法19条－
　産前産後の休業中およびその後30日間……－労基法19条－
　差別待遇になる解雇……－労基法 3 条－
　不当労働行為になる解雇……－労基法 7 条－
　就業規則の解雇基準・解雇手続に反する解雇
　合理的な理由のない解雇

退職の手続

実務上の扱いとして、本人に**重大な過失や故意的な犯罪(搾取や業務上横領等)**があったとしても、最近は監督署では「解雇予告適用除外」申請はほとんど受理されないのが現状です。
…このようなことを未然に防止する「仕組みや環境を整える」ことが、最良の解決策です。

|保証人制度|　入社の時に保証人をたてた場合は、保証人にその責を問うこととなります。ただし、保証期間が定めていないときは最高5年です。5年以上の保証期間を定めても、法的には5年としかみなされません。

契約の更新は可能ですが、改めて保証人の了解と印鑑が必要です。

|判例|　使用者の監督上の過失を重視した結果、保証人の責任範囲は、横領で1割から3割程度しか認められていないようです。

## CD-Ⅱ-Word（02-4） 身元保証契約書

身 元 保 証 契 約 書

現住所
氏　名　　　　　　　　　　　　　生年月日　昭和　　年　　月　　日　生

使用者　　　　　　　　　　を甲，被用者を乙，身元保証人を丙とし，甲乙間において次のとおり契約する。

第1条　乙が甲乙間の契約に違反し，または故意もしくは過失によって万一甲に，金銭上はもちろん業務上信用上損害を被らしめたときは，丙は直ちに乙と連帯して甲に対して，損害額を賠償するものとする。

第2条　本契約の存続期間は本契約成立の日から5年間とする。
ただし保証期間満了の3カ月前に丙より甲に書面をもってこの保証を更新拒否の申出をしなかった場合は，丙は甲に対し満了の日から引続き5年間この保証を更新することを予め認諾したものとする。

第3条　甲は次の場合においては遅滞なくこれを丙に通知しなければならない。
1．乙に業務上不適任または不誠実な事跡があってこれがために丙の責任をひき起こすおそれがあることを知ったとき。
2．乙の任務または任地を変更しこれがため丙の責任を加重しまたはその監督を困難ならしめるとき。

上記契約を証するため本証書3通を作り署名押印の上各自その1通を所持する。

　　　　　　　　　　　　　　　　　　年　　月　　日

　　所在地
　　使用者名
　　使用者　甲　氏名　　　　　　　　　　　　印


　　現住所

　　被用者　乙　氏名　　　　　　　　　　　　印
　　　　　　　　　　　　　　年　　月　　日生


　　現住所

　　身元保証人　丙氏名　　　　　　　　　　　印
　　　　　　　　　　　　　　年　　月　　日生

## 6-2　退職後の社会保険（手続）

### 1. 健康保険被保険者証を返却してもらう

本人および被保険者証に記載されている家族の継続療養の有無を確認。

**継続療養の対象者**　被保険者期間が1年以上ある従業員とその被扶養者
**申請期限**　資格喪失後10日以内「継続療養受給届」を保険者に提出。

> **継続療養**とは、
>
> 　資格を喪失する時、すでに健康保険から、療養の給付・入院時食事療養費・特定療養費等の療養を受けている場合は
> 被保険者でなくなった後も療養を始めたときから5年を経過するまでの間は、その疾病又は負傷に関して続けて保険給付が受けられる制度です。
>
> 　※継続療養は、平成15年4月から原則廃止されます。ただし、特別療養給付（P 145参照）の制度が設けられています。

- 継続療養を受けている者が再就職し、健康保険等の被保険者の資格を取得した場合は、新たな健康保険等の給付が優先されます。
- 被保険者本人が死亡した場合は、その被扶養者に対する継続給付は打ち切られます。
（保険給付は、あくまでも被保険者に支給されるためです）
- なお、被保険者の資格を喪失した時に傷病手当金の支給を受けている（受給可能な状態にある）者は、傷病手当金も継続して受けられます。

### 2. 任意継続被保険者の希望

健康保険の被保険者期間が2か月以上ある場合は、任意継続被保険者への希望を確認します。
**申請期限**　資格喪失後20日以内に

「健康保険任意継続被保険者資格取得申請書」を保険者に提出。

**任意継続被保険者の健康保険料はおよそ 2 倍**

　任意継続被保険者の標準報酬月額：保険者が管掌する全被保険者の標準報酬月額の平均と、資格を喪失する前の自分自身の標準報酬月額とを比べ、いずれか低い方が標準報酬月額になります。

　ただし、保険料は事業主の半額負担がなくなるため、本人が全額支払うことになります。

**任意継続被保険者期間は、原則として 2 年間**

　さらに長く加入できる人もいます。55歳に達した後に退職する人です。期間としては60歳に達するまで継続して任意継続被保険者でいられます。ただし、2年を経過する前に60歳に達しても、原則どおり2年間は任意継続被保険者です。（55歳以上の特例は平成15年4月から廃止されます）

### 国民健康保険に加入する（退職者医療制度）

　退職後は就職せず、かつ任意継続被保険者にもならなかった場合は、他の医療制度に加入することになります（全ての国民は何らかの医療制度に加入しなければなりません）。まず、被扶養者に該当するか検討し、条件を満たさなければ、国民健康保険に加入することになります。国民健康保険は療養給付に対し3割の負担ですから、2割負担の健康保険に比べ条件が良くありません（平成15年3月31日まで）。

　そこで、国民健康保険に加入した者でも一定の条件を満たす者*は、会社員当時の条件で医療保険を受けることもできます。

＊厚生年金保険法などにより老齢給付等を受けられる者であり、年金保険の被保険者期間が20年以上（もしくは、男性40歳・女性35歳以後に10年以上）の被保険者期間を持つ者が該当します。

　また、上記の用件を満たせなくとも、国民健康保険に加入しながら、健康保険の継続療養を受けることもできます。

　**平成15年度からは**、70歳未満の退職被保険者とその被扶養者（3歳以上）はいずれも3割負担になり、このような問題は生じません。

退職の手続

# 3．厚生年金保険の「任意継続被保険者」を希望したとき

老齢年金の受給期間を満たすまで、個人で厚生年金保険に加入できる人がいます。これを第4種被保険者制度といいます。

### 第4種被保険者

厚生年金保険の被保険者期間が10年以上で20年に達しない従業員が被保険者資格を喪失した場合で、次のいずれかに該当すると第4号被保険者となることができます。（社会保険庁長官に申し出をします）

① 昭和16年4月1日以前に生まれ、昭和61年4月1日において厚生年金保険の被保険者であった人
② 昭和61年4月1日に65歳以上であったため、被保険者の資格を喪失した人
③ 昭和61年3月31日に第4種被保険者であった人
④ 昭和61年3月31日に、第4種被保険者の申出をすることができた人で、この申出をしていなかった人
①②③に該当する場合は、昭和61年4月より資格喪失月の前月までの全期間、厚生年金保険の被保険者及び共済組合の組合員期間であること。


# 退職後も国民年金に加入する人

国民年金は、第1号被保険者・第2号被保険者・第3号被保険者と大きく3つに分かれています。会社員や公務員は第2号被保険者です。退職すると厚生年金保険の被保険者ではなくなりますが、60歳未満であれば大抵、国民年金に加入し続けます。20歳以上60歳未満の一定の人は、第1号被保険者もしくは第3号被保険者に該当するからです。第2号被保険者から第1号・第3号被保険者に変更することを「種別変更」といいます。

<u>第1号被保険者に該当</u>　本人が市区町村に行き「国民年金被保険者

資格取得・種別変更・種別確認（第3号被保険者該当）届書」を提出します。

<u>第3号被保険者に該当</u>　配偶者の保険者に届け出をします。

| 第1号被保険者 | 日本国内に住所を有する20歳以上60歳未満の者であって、第2号被保険者、第3号被保険者以外の者<br>（被用者年金各法に基づく老齢又は退職を支給事由とする年金たる給付を受けることができる者を除きます） |
| --- | --- |
| 第3号被保険者 | 第2号被保険者の配偶者で、主として第2号被保険者の収入により生計を維持する者(第2号被保険者である者を除く)のうち20歳以上60歳未満の者 |

### CD-I-22頁　退職の手続に必要なこと

1. 健康保険被保険者証（保険証）を退職当日に返して下さい。

2. 現在（退職当日）医療期間で治療をうけている方で1年以上の被保険者期間がある方は継続療養の手続をしますから手続用紙を事業所から受け取って所定の欄に記入の上、医師の証明をうけたら退職日より5日以内（厳守）に事業所へ提出して下さい。

3. 現在医師には治療をうけてはいないが退職後も引続き健康保険の被保険者になっていたい方は任意継続の手続が必要ですから申し出て下さい。（保険料は今迄給与から控除されていた額の倍額になります）又国保・国民年金に加入する方は資格喪失証明書をあなたの住んでいる市町村役場に持参して所定の手続をして下さい。

4. 厚生年金の受給要件を満たしている方は裁定請求書をお渡し致しますから申し出て下さい。現在厚生年金を受給中の方は停止事由消滅届を社会保険事務所に提出又は郵送して下さい。

5. 退職後安定所に求職される方は失業給付をうけるのに必要な離職証明書を発行しますから申し出て下さい。この場合退職願に退職理由をはっきり書いて提出して下さい。

6. 離職の日から引続き妊娠・出産・育児・病気・けが等により、30日以上職に就くことができない場合には、離職日の翌日から30日経過後1ヶ月以内に安定所に出向き安定所の指示により受給期間の延長申請して下さい。

## 6-3 退職の手続（健康保険・厚生年金保険）

### 健康保険・厚生年金保険　被保険者資格喪失届　の作成

　被保険者が退職、死亡、又は他の事業所へ転勤した場合には、被保険者の資格を失います。すると、資格取得時と同じように「喪失の確認」を受けるため「資格喪失届」を提出します。

　厚生年金保険では年齢制限もありますから、70歳に達したときは、原則として被保険者の資格を喪失します。ここでも、厚生年金保険の資格喪失の確認を受けることになります。

|いつ|　退職、死亡、又は他の事業所へ転勤した場合等
|提出期限|　資格喪失日から 5 日以内
|どこに|　社会保険事務所、健康保険組合又は厚生年金基金団体
|届出|　健康保険・厚生年金保険　被保険者資格喪失届
|添付書類|　被保険者証（遠隔地被保険者証も含む）
　　被保険者死亡……「被保険者埋葬料（費）請求書」
　　被保険者証が滅失……「健康保険　被保険者証滅失届」
　　住所不明等で回収不能……「健康保険　被保険者証回収不能届」
　　療養中の者……「健康保険被保険者・被扶養者　継続療養受給届」
　　　　　　　　　「傷病手当金請求書」

### ポイント　　資格喪失日
① 　被保険者の退職（退職日の翌日に喪失）
② 　被保険者の死亡（死亡日の翌日に喪失）
③ 　被保険者の転勤（転勤の日に喪失）

④ 厚生年金保険の被保険者が70歳に達した日(誕生日の前日に喪失)
⑤ 任意包括脱退（脱退の認可を受けた日の翌日に喪失）

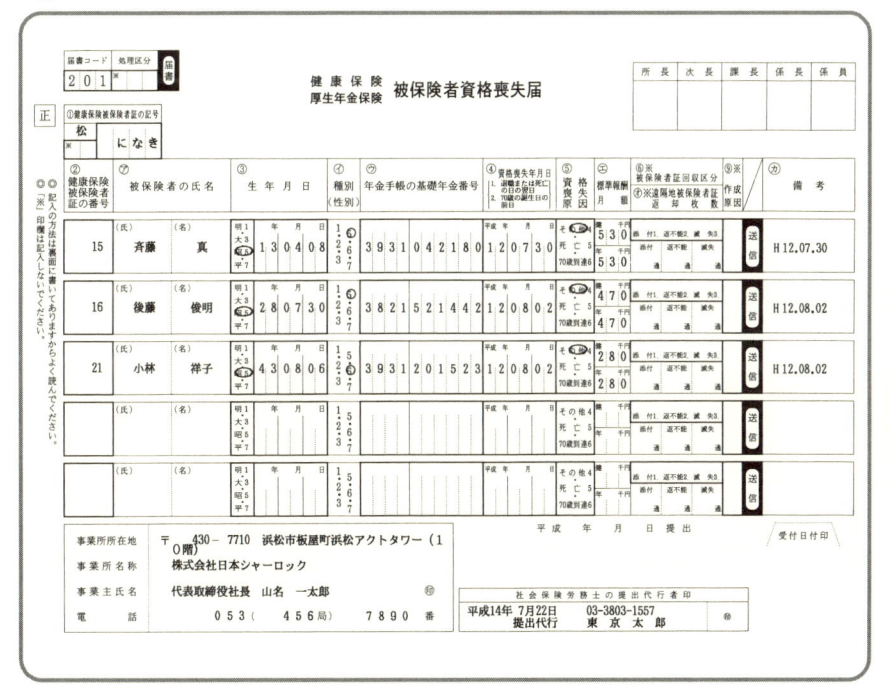

### CD-Ⅰ-2頁　健康保険・厚生年金保険　被保険者資格喪失届

## H 15.4.1〜の健康保険

　3歳以上70歳未満の被保険者・被扶養者は、**すべての医療保険制度で3割負担**になります（薬剤の一部負担金も廃止されます）。

　これに伴い、55歳以上で退職した人も、2年を過ぎると任意継続被保険者の資格を失います。**継続医療の給付も原則廃止**されますが、退職後に日雇特例被保険者またはその被扶養者になったときは、その保険料納付要件を満たすまでの（6カ月を限度）、継続療養が受けられます（特別療養給付）。

## 6-4 退職の手続（雇用保険）

### 雇用保険被保険者資格喪失届 の作成

　従業員が退職すると、労働保険関係では「雇用保険被保険者資格喪失届」を公共職業安定所に提出します。労災保険関係については、特別な手続はありません。

|いつ|　退職、死亡、重役等となり経営者とみなされることになった場合等
|提出期限|　被保険者でなくなった日の翌日から10日以内
|どこに|　事業所を管轄する公共職業安定所
|届出|　雇用保険被保険者資格喪失届
|添付書類|　雇用保険被保険者離職証明書、賃金台帳、労働者名簿等、（労働者が離職したことの事実、その年月日などが明らかになるもの）

### 失業給付を受給する場合

　従業員に「離職票」を交付します。
1．資格喪失届と離職証明書を、公共職業安定所に提出し確認を受けます。
2．公共職業安定所から離職票（3枚綴り）が交付されます。
3．離職票（2枚綴り）を退職者に交付。（残り1枚は事業主控えとして保管）
　（被保険者でなくなった者は、離職票を公共職業安定所に提出、求職の申込みをし、基本手当等を受けることになります）

## 失業給付を受給しない場合

　再就職が決まっていて基本手当を受けない人は「離職票」を希望しないこともあります。この場合は、公共職業安定所に「資格喪失届」のみを提出します（希望しないことを明らかにする書類、もしくは喪失届に不要の旨を記載してもらいます）。

**注**・その後、本人から交付の希望があったときは、すみやかに離職証明書を作成し届け出ることになります。

**注**・離職時の年齢が59歳以上の人は、希望がなくとも必ず離職票を交付しなければなりません。

# 基本手当を支給する日数(「所定給付日数」)

①特定受給資格者、②被保険者区分、③算定基礎期間、④年齢、⑤就職困難者※であるか否かによって決まります。(離職の日で判断します)

**特定受給資格者**に該当すると、もらえる基本手当の日数が多くなります。

＊就職困難者とは、障害者雇用促進法等による身体障害者等を指します。

・短時間労働被保険者以外の者の　所定給付日数　　　（平14年度）

| 年齢等 ＼ 算定基礎期間 | 1年未満 | 1年以上5年未満 | 5年以上10年未満 | 10年以上20年未満 | 20年以上＊ |
|---|---|---|---|---|---|
| 就職困難者以外の者 | 90日 | 90日 | 120日 | 150日 | 180日 |
| 就職困難者 45歳未満 | 150日 | 300日 | | | |
| 就職困難者 45歳以上65歳未満 | 150日 | 360日 | | | |

・短時間労働被保険者以外の特定受給資格者の所定給付日数（平14年度）

| 年齢 ＼ 算定基礎期間 | 1年未満 | 1年以上5年未満 | 5年以上10年未満 | 10年以上20年未満 | 20年以上 |
|---|---|---|---|---|---|
| 30歳未満 | 90日 | 90日 | 120日 | 180日 | 210日 |
| 30歳以上45歳未満 | 90日 | 90日 | 180日 | 210日 | 240日 |
| 45歳以上60歳未満 | 90日 | 180日 | 240日 | 270日 | 330日 |
| 60歳以上65歳未満 | 90日 | 150日 | 180日 | 210日 | 240日 |

## 特定受給資格者に該当する例

① 離職が、事業主の事業について発生した倒産(破産、再生手続開始、更正手続開始、整理開始又は特別清算開始の申立て等に該当する事態)又は事業主の適用事業の縮小もしくは廃止に伴う一定の理由により離職した者
② 解雇(自己の責めに帰すべき重大な理由によるものを除く)その他厚生労働省令で定める理由により離職した者

### CD-Ⅰ-24頁　雇用保険被保険者離職証明書

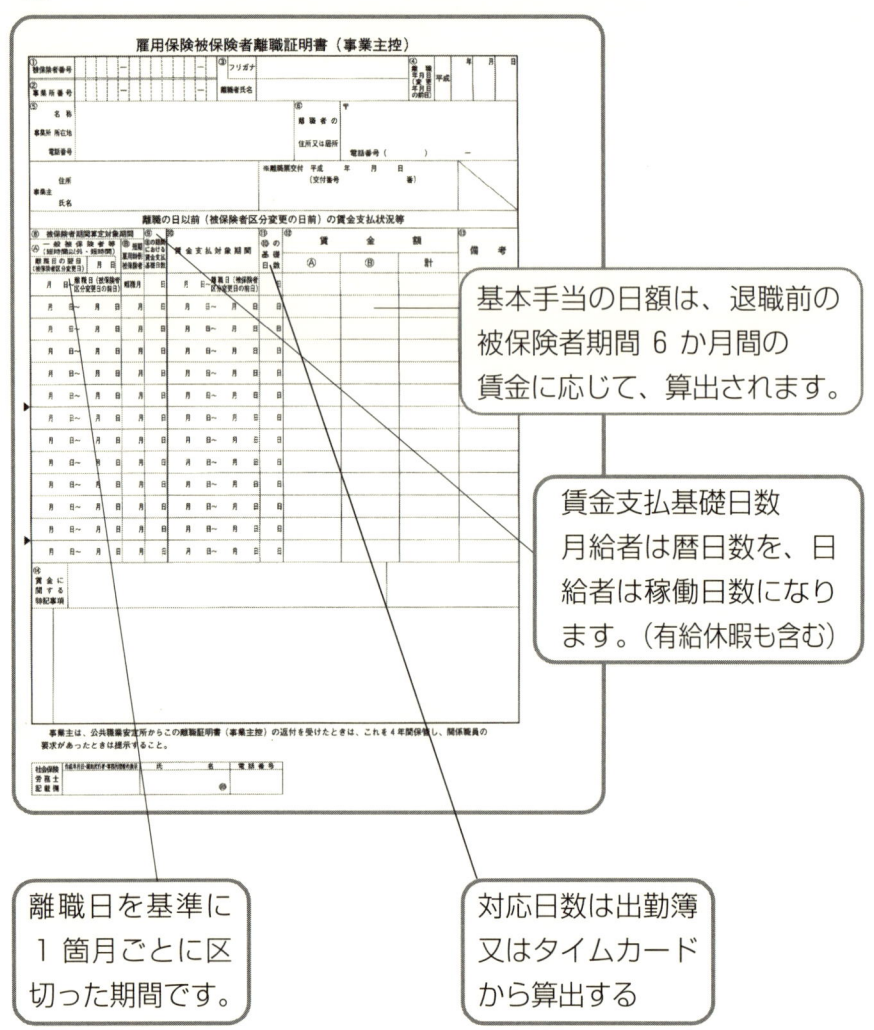

> 基本手当の日額は、退職前の被保険者期間6か月間の賃金に応じて、算出されます。

> 賃金支払基礎日数　月給者は暦日数を、日給者は稼働日数になります。（有給休暇も含む）

> 離職日を基準に1箇月ごとに区切った期間です。

> 対応日数は出勤簿又はタイムカードから算出する

## 【参考】

賃金日額＝
$$\frac{被保険者期間として計算された最後の6箇月間に支払われた賃金総額}{180}$$

上記の賃金日額の50％～80％に相当する額が基本手当の日額に相当します。

| 受給資格者の年齢 | 賃　金　日　額 | 給付率 |
| --- | --- | --- |
| 60歳未満 | 2,140円以上4,210円未満 | 80％ |
| | 4,210円以上10,190円以下 | 60％～80％ |
| | 10,190円超　各年齢別上限額 | 60％ |
| 60歳以上65歳未満 | 2,140円以上4,210円未満 | 80％ |
| | 4,210円以上13,180円以下 | 50％～80％ |

**退職の手続**

### ◎ CD-Ⅰ-25頁　雇用保険被保険者離職証明書

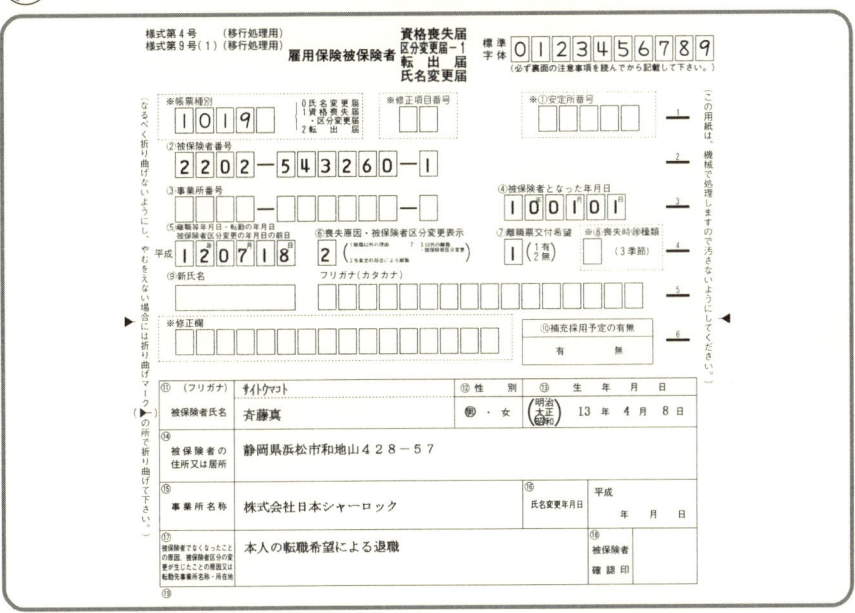

6-4　退職の手続（雇用保険）　151

## 6-5 退職の手続(電子データ管理する)

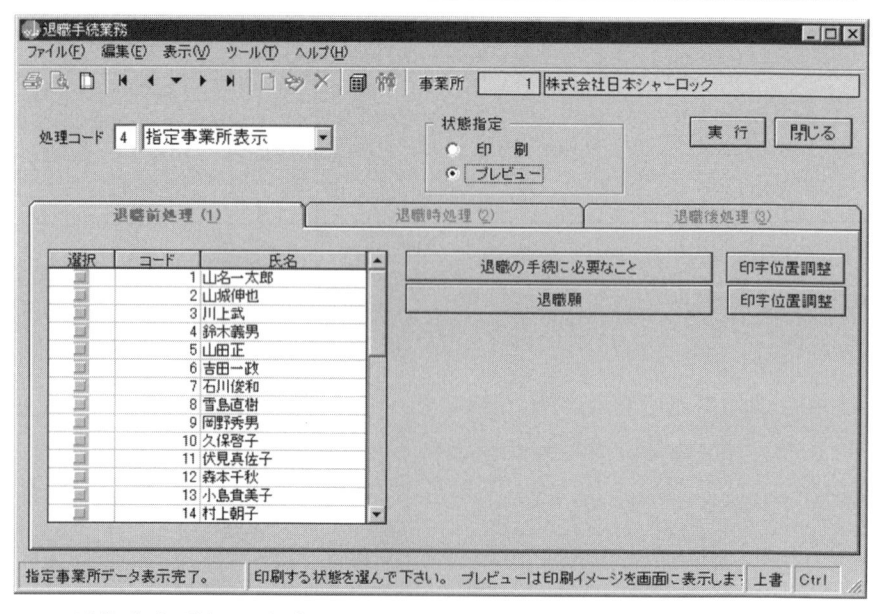

・対象者を選択します。

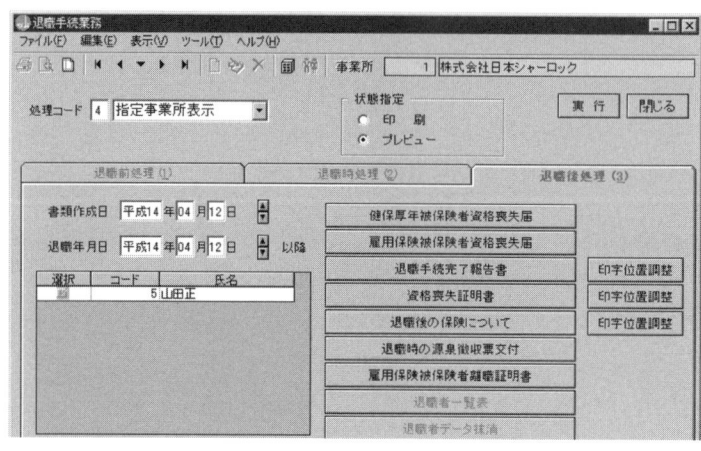

離職証明書の「賃金支払基礎日数」は、給与データから自動的に取得してきます。
(P110参照)

社労法務システムなら、
官庁無償配布用紙に印字することもできます。
　　　　　(出力帳票の印字位置調整は前後左右 0.1ミリ単位で可能)

# 退職時源泉徴収票を作成する

## 💿 CD-Ⅰ-29頁　源泉徴収票の送付について

> 　　　　　　　　源泉徴収票の送付について
>
> 　拝啓　ますますご清祥のこととお喜び申しあげます。さて、
> 「14　年度分の給与所得の源泉徴収票」を送付させて頂きましたのでご査収願います。
> 　退職後再就職された方は、新しい勤務先に、この源泉徴収票を提出して下さい。
> 　再就職されなかった方で、他に所得が無い場合は、確定申告をすれば、源泉徴収税額の
> 還付を受けることができます。また、他に所得が有る場合は、還付を受けられるかどうか
> は一概に言えませんが、確定申告を義務づけられている場合がありますからご注意願いま
> す。時節がら、健康に留意され、今後のますますのご活躍をお祈り申し上げます。　敬具
>
> | 区　　分 | 提　出　期　限 | 提出先税務署 |
> |---|---|---|
> | 確定申告をしなければならない人の場合 | 平成 15 年 2 月 16 日から<br>平成 15 年 3 月 16 日まで | 自分の住所地を管轄する税務署 |
> | 確定申告をする義務はないが、確定申告をすれば源泉徴収税額の還付を受けられる人の場合 | 平成 15 年 1 月 1 日から<br>還付請求権が消滅する迄（5 年間）はいつでも提出する事ができます。 | |

**退職の手続**

### 平成 14 年分　中途退職者・給与所得の源泉徴収票

| 支払を受ける者 | 住所又は居所 | 438-0013<br>磐田市向笠竹之内5244 | 氏名 | (受給者番号) | | | 9 |
|---|---|---|---|---|---|---|---|
| | | | | (フリガナ) | オカノヒデオ | | |
| | | | | (役職名) | | | |
| | | | | 岡野秀男 | | | |

| 種　別 | 支　払　金　額 | 給与所得控除後の金額 | 所得控除の額の合計額 | 源泉徴収税額 |
|---|---|---|---|---|
| 給与・賞与 | 4,756,560 円 | 円 | 円 | 170,240 円 |

| 控除対象配偶者の有無等 | 配偶者特別控除の額 | 扶養親族の数（配偶者を除く） | 障害者の数（本人を除く） | 社会保険料等の金額 | 生命保険料の控除額 | 損害保険料の控除額 | 住宅取得等特別控除額 |
|---|---|---|---|---|---|---|---|
| 有 従有 無 従無 | 円 | 特定 老人 その他 | 特別 内 その他 | 696,538 円 | 円 | 円 | 円 |

(摘要)

| | | 配偶者の合計所得 | 円 |
|---|---|---|---|
| | | 個人年金保険料の金額 | 円 |
| | | 長期損害保険料の金額 | 円 |

| 夫あり | 未成年者 | 乙欄 | 本人が障害者 その他 | 老年特別 | 寡婦一般 | 寡夫 | 勤労学生 | 死亡退職 | 災害者 | 外国人 | 就職 | 中途退職 退職 | 受給者生年月日 |
|---|---|---|---|---|---|---|---|---|---|---|---|---|---|
| | | | | | | | | | | | | ☆ 14 9 11 | 明 大 昭 平 * 14 6 3 |

| 支払者 | 住所(居所)又は所在地 | 430-7710<br>浜松市板屋町浜松アクトタワー（10階） | |
|---|---|---|---|
| | 氏名又は名称 | 株式会社日本シャーロック<br>代表取締役社長　山名　一太郎 | TEL 053-456-7890 |
| | 整理欄 | ①　　　　　　　　　② | |

6-5　退職の手続（電子データ管理する）

## CD-Ⅰ-26頁　資格喪失連絡票

### 保険、年金　連　絡　票　（本人・家族　脱退用）

あなたはこれまで勤務していた当事業所を退職され（あなたの家族が被扶養者として認められなくなり）法律により国民健康保険および国民年金（20才以上）に加入することになりましたので直ちにあなたの住んでいる市役所又は町村役場にこの**連絡票**と**印鑑**（既にあなたの世帯に国民健康保険加入者がいる場合は、その被保険者証　前に国民年金の被保険者であったことのある人は、そのときの年金手帳）を持参して所定の手続をして下さい。

ただし、退職後直ちに他の事業所に勤務して健康保険（共済組合）に再加入する場合はこの手続の必要はありません。

この手続は、法律により１４日以内に行なうことになっております。

-------き--------り--------と--------り-------

### 社会保険（健康保険・厚生年金保険）　被保険者資格喪失証明書

| 退職者<br>（被保険者） | 住　所 | 磐田市向笠竹之内５２４４ | | 世帯主氏名 | |
|---|---|---|---|---|---|
| | 氏　名 | 岡野秀男 | （昭和14年 6月 3日生） | 世帯主との続柄 | |

| 健保共済組合等の<br>資格喪失年月日 | 平成　１４　年　９月１２日<br>（注、退職日の翌日です。） | 健保共済組合等<br>の保険証記号番号 | 松　になき　　　９ |
|---|---|---|---|
| | | 基礎年金番号 | ９３９１　５２６１１２ |

| 被扶養者 | 氏　　名 | 生　年　月　日 | 世帯主との続柄 | 被扶養者として認定<br>を除外された年月日 | 備　考 |
|---|---|---|---|---|---|
| | 岡野静代 | 昭和１８・２・２７ | 妻 | ・　・ | |
| | 岡野昭輔 | 大正　２・６・８ | 父 | ・　・ | |
| | | ・　・ | | ・　・ | |
| | | ・　・ | | ・　・ | |

上記のとおり相違ないことを証明します。

　　　　　　　　　　　　　　　　　　　　　　　　平成　１４　年　９月１１日

事業所所在地　浜松市板屋町浜松アクトタワー（１０階）
名　　称　　株式会社日本シャーロック
代表者氏名　代表取締役社長　山名　一太郎　㊞

## 退職後の保険について

岡野秀男　様

Ⅰ　健康保険‥‥傷病に対する保障
　　退職する前に医師の診断をうけていた方については被保険者期間が１年以上ある場合は引続いて療養の給付並びに傷病手当金の支給がうけられます。又、退職後６ヵ月以内の出産についても出産手当金及び分べん費が支給されます。
　　被保険者期間が２ヵ月以上１年未満の方は希望すれば任意継続加入することにより上記と同様の給付がうけられます。但し、上記の場合は健康保険料はかかりませんが、この場合は給料から差し引かれていた額の倍額が１ヵ月分の負担額となります。

Ⅱ　厚生年金保険‥‥老令に対する保障
　　退職時の年令と加入期間、男女の別により受給要件が異りますから、男性60才、女性55才に近い方は住所を管轄する社会保険事務所に出向いていって年金相談を受けて下さい。
　　現在はオンラインで社会保険庁のコンピューターに直結していますからその場で全てのことがわかります。又、プライバシー保護のため他人が行っても答えてくれません。その際経歴書を持参して下さい。

Ⅲ　雇用保険‥‥失業に対する保障
　　雇用保険の失業給付の支給を受けようとする方は、その手続に次のものを住所を管轄する公共職業安定所にお持ち下さい。
　　① 離職票－１と離職票－２　　② 雇用保険被保険者証　　③ 印鑑　　④ 住民票又は運転免許証等住所及び年令が確認できるもの。但し現在の住所、氏名が離職票と異なるときは、住所の場合は住民票、氏名の場合は戸籍抄本が必要。　⑤ 写真１枚　たて3㎝よこ2.5㎝程度、正面上半身。
　　雇用保険は社会保障制度の一つであり、失業という事故に対して相互扶助するためのものです。詳細は離職票の裏面をお読み下さい。

　　　　　　　　　　　　株式会社日本シャーロック
　　　　　　　　　　　　TEL 053-456-7890
　　　　　　　　　　　　FAX 053-456-7889

あなたの勤務先事業所の顧問社会保険労務士からのお知らせです。手続などわからない事がありましたら、事業所を通じてご質問下さい。

　　　　　　　　　　　　社会保険労務士　東　京　太　郎

退職の手続

# 第7章 不定期に発生する事務

# 7-1 育児休業を取得するとき

## 休業開始時賃金月額証明書・育児休業給付金支給申請書の作成

　雇用保険の被保険者が、1歳未満の子を養育するため育児休業を取得した場合「育児休業基本給付金」が支給されます。

支給対象者
- 育児休業を取得していること
- 育児休業開始前の2年間に、賃金支払基礎日数が11日以上ある月が、計12か月以上あること

支給額　休業前の賃金（休業開始時賃金月額*）の30％を支給

　ただし、休業期間中に賃金の支払いを受け、支給額が休業開始時賃金月額の50％を超える場合は減額、80％を超える場合は支給されません。[賃金＋給付金]が休業前賃金の80％に調整されます。

$$休業開始時賃金月額 = \frac{育児休業開始前の6箇月間に支払われた賃金総額}{180} \times 30$$

（16,070円×30が上限）

いつ　1歳未満の子を養育する被保険者が、育児休業を取得した場合
提出期限　「休業開始時賃金月額証明書」は休業開始の日から10日以内（ただし、労働組合等との協定による例外あり。ポイント参照）

　「育児休業給付金支給申請書」は、最初の支給単位期間の初日から起算して4箇月経過する日の属する月の末日まで。

2回目以降は公共職業安定所が定めた申請日
|どこに|　事業所を管轄する公共職業安定所
|届出|　雇用保険被保険者休業開始時賃金月額証明書
　育児休業給付受給資格確認票・(初回)育児休業基本給付金支給申請書
|添付書類|　休業開始時賃金証明票、労働者名簿、賃金台帳、出勤簿、母子健康手帳等出産の事実を確認できる書類
|ポイント|　支給申請書の提出は被保険者が行います。
　ただし、過半数の労働組合(もしくは過半数代表者)と書面を結ぶことで、事業主が代わって申請書を提出できます。この場合は、事業主が10日以内に提出しなければならない「休業開始時賃金月額証明書」も育児休業基本給付金の初回の支給申請と同時に提出すれば良いことになります。

## ■育児休業者職場復帰給付金支給申請書　の作成

　育児休業基本給付金を受けた被保険者が、休業終了後、使用されていた事業主に引き続き6か月以上雇用されたなら、今度は「育児休業者職場復帰給付金」が支給されます。
　実際に就労しているかは問われません。育児休業基本給付金に係る休業期間経過後6か月雇用されていれば良いのです。極端な話、子が1歳に達した日以降は、会社独自の制度を利用して育児のため休業をしていても、子が1歳に達した日から6か月「雇用」されていれば、給付金が支給されます。

支給額　休業開始時賃金月額の10%　×　基本給付金を受けた月数
いつ　休業終了後引き続き6か月以上雇用された場合
提出期限　職場復帰から6か月経過した日の翌日から起算して、2箇月を経過する日の属する月の末日
どこに　事業所を管轄する公共職業安定所
届出　育児休業者職場復帰給付金支給申請書
添付書類　雇用保険適用事業所台帳
ポイント　支給決定されると、本人宛に「育児休業者職場復帰給付金支給決定通知書」が送付されます。

## ■健康保険・厚生年金保険　育児休業取得者申出書の作成

### ■育児期間中の健康保険・厚生年金保険の保険料の免除

　「育児休業、介護休業等育児又は家族介護を行う労働者の福祉に関する法律」に基づく育児休業期間*は、事業主が「育児休業取得者申出書」を保険者（社会保険事務所・健康保険組合等）に提出することにより、

保険料（被保険者および事業主分）は免除されます。
＊法律上の満1歳未満の子を養育するために事業主に申し出た期間を指します。

いつ　育児休業期間中の社会保険料の免除を受けるとき
提出期限　育児休業を開始するとき
どこに　社会保険事務所、健康保険組合又は厚生年金基金団体
届出　健康保険・厚生年金保険　育児休業取得者申出書
添付書類　なし

## 免除される期間

「申し出のあった日の月」から「育児休業が終了する日の翌日の属する月の前月」まで

- 賞与等にかかる保険料についても、育児休業期間中であれば免除されます。
- 労働基準法による産前産後の休業期間など、育児休業とならない期間は免除されません。
- 保険料免除の申出は、育児休業を行う被保険者がいる場合、事業主が保険者（社会保険事務所・健康保険組合等）に免除申請をします。
- 育児休業期間の途中で育児休業を終了したときは、育児休業保険料免除終了届を保検者に提出します。

> 参考

育児・介護休業規程 ／例

第1章　総　　則

（目　　的）

第1条　本規則は、就業規則第○○条に基づき、従業員の育児又は介護に関する休業および短時間勤務に関する取り扱いについて定めるものである。

（法令との関係）

第2条　この規則に定めのないことについては、「育児・介護休業法」その他の法令の定めるところによる。

第2章　育児休業等

（育児休業の対象者）

第3条　育児のために休業を希望する従業員であって、1歳に満たない子と同居し、養育する者は、育児休業をすることができる。

2　前項にかかわらず、次の従業員は育児休業をすることができない。

　①　日雇従業員および期間契約従業員

　②　会社と従業員との間で締結された育児休業等に関する労使協定（以下「育児休業協定」という。）により育児休業の対象から除外することとされた次の従業員

　　（1）　入社1年未満の従業員

　　（2）　配偶者（育児休業にかかる子の親である者に限る）が次のいずれにも該当する従業員

　イ　職業についていない者（育児休業により就業していない者を含む。）であること。

　ロ　心身の状況が申し出にかかる子の養育をすることができる者であること。

　ハ　6週間（多胎妊娠の場合にあっては、14週間）以内に出産する予定であるか又は産後8週間を経過しない者でないこと。

ニ　休業申し出にかかる子と同居している者であること。
（育児休業の申出の手続き等）
第4条　育児休業をすることを希望する者は、原則として育児休業を開始しようとする日（以下「育児休業開始予定日」という。）の1か月前までに、育児休業申出書を会社に提出することにより申し出るものとする
（育児休業の申出の撤回等）
第5条　申出者は、育児休業開始予定日の前日までは、育児休業撤回届を会社に提出することにより、育児休業の申出を撤回することができる。
2　育児休業の申出を撤回した者は、特別な事情がない限り同一の子については再度申出をすることができない。
3　育児休業開始予定日の前日までに、子の死亡等により申出者が休業申出にかかわる子を養育しないこととなった場合には、育児休業の申出はされなかったものとみなす。この場合において、申出者は、原則として当該事由が発生した日に、会社にその旨を通知しなければならない。
（育児休業期間）
第6条　育児休業期間は、原則として子が1歳に達するまでの間において申出者が申し出た期間とする。ただし次の各号に掲げるいずれかの事由が生じた場合には、育児休業は終了するものとし、当該育児休業の終了日は当該各号に掲げる日とする。
①　子の死亡等育児休業に係る子を養育しないこととなった場合当該事由が発生した日（なお、この場合において本人が出勤する日は、事由発生の日から2週間以内であって、会社と本人が話し合いの上決定した日とする）
②　育児休業に係る子が1歳に達した場合
　子が1歳に達した日
③　産前産後休業、介護休業又は新たな育児休業期間が始まった場合
　産前産後休業、介護休業又は新たな育児休業の開始日の前日

④　配偶者が第3条2項②の（2）に該当することとなった場合育児休業協定に基づき、原則としてその事由が生じた日から2週間以内であって会社が指定した日

（育児休業の回数）

第7条　同一の子についての育児休業の回数は原則として1回とする。ただし、特別の事情がある場合は子が1歳に達するまでを限度として再度の休業することができる。

（育児休業期間の変更）

第8条　育児休業期間は、次の場合に限り変更することができる。
①　休業開始予定日は、出産予定日前の子の出生などの特別の事情を生じた場合に限り、1週間前までに申し出ることにより1回に限り繰り上げることができる。
②　休業終了予定日は、1か月前までに申し出ることにより1回に限り1歳に達するまでを限度として延長することができる。

（育児休業中の賃金）

第9条　育児休業期間中、賃金は支給しない。ただし、法に基づく育児休業給付を受けることができる。
2　育児休業期間中、昇給は行わない。
3　育児休業期間中、賞与は支給しない。
4　定期昇給は、育児休業の期間中は行わないものとするが、復職後の給与は、育児休業前の給与を下回らないものとする。

（社会保険料）

第10条　育児休業期間中の社会保険料本人負担分は、法に定めるところにより免除される。

（復　　　職）

第11条　育児休業が終了した場合、原則として休業前の職場・職務に復帰させる。ただし、やむを得ない特別な事情がある場合はこの限りではない。
2　復職日は原則として育児休業終了日の翌日とする。ただし、特別な事情がある場合は職場および本人の事情を勘案してその都度会社が指

定する。
（年次有給休暇）
第12条　年次有給休暇の権利発生のための出勤率の算定に当たっては、育児休業期間中はこれを出勤したものとみなす。
（勤続年数の算定）
第13条　退職金制度その他の制度の適用においては、育児休業期間はこれを勤続年数に算入しない。ただし、年次有給休暇についてはこの限りではない。
（育児短時間勤務の制度）
第14条　従業員（日雇い従業員を除く）で１歳に満たない子と同居し、養育する者は、会社に申し出て、次の育児短時間勤務の制度の適用を受けることができる。所定労働時間を午前９時から午後４時まで（うち休憩時間は、12時から13時までの１時間とする。）の６時間とする制度（女性従業員は更に別途30分づつ２回の育児時間を請求することができる。）

2　前項にかかわらず、育児休業協定により育児短時間勤務の対象から除外することとされた次の従業員は、育児短時間勤務をすることができない。
（１）　入社１年未満の従業員
（２）配偶者（申出に係る子の親である者に限る）が次のいずれにも該当する従業員
イ　職業についていない者（育児休業その他の休業により就業していない者を含む。）であること。
ロ　心身の状況が申出にかかる子の養育をすることができる者であること。
ハ　６週間（多胎妊娠の場合にあっては、１４週間）以内に出産する予定であるか又は産後８週間を経過しない者でないこと。
ニ　申出にかかる子と同居している者であること。

3　適用のための資格及び手続きについては、第４条から第８条までの規定（第６条④を除く）を準用する。

4　本制度を適用を受ける間の給与については、基本給を時間給換算した額を基礎とした実労働時間分とともに、別途定める給与規定に基づく諸手当を支給する。

5　賞与は、その算定対象期間に1か月以上本制度の適用を受ける期間がある場合においては、その期間に応じて、1か月ごとに所定の減額を行うものとする。

6　定期昇給の算定に当たっては、本制度の適用を受ける期間は通常の勤務をしているものとみなす。

・・・・・以下、第3章　介護休業等に続く。

# 7-2 雇用保険の被保険者が60歳に到達したとき

## 高年齢雇用継続給付金支給申請書 の作成

　雇用保険では、労働が困難な状態になった労働者に対しても、働き続けることがができるよう配慮されています。60歳から65歳までの継続雇用や再就職を促進するため「高年齢雇用継続基本給付金」「高年齢再就職給付金」があります。

### 高年齢雇用継続基本給付金
　60歳に達したときの賃金に比べて、15％以上低下した賃金で働き続ける社員に、給付金の支給があります。

対象者　次の①②の条件を満たす者
① 60歳以上65歳未満の雇用保険の被保険者であって、被保険者期間が通算して5年以上ある人
② 60歳以後、基本手当をもらわず、60歳時点の賃金に比べて85％未満の賃金で就労している人

支給金額　支給対象月ごとに支払われる賃金の低下率に応じて決まります。
① 対象月に支払われた賃金が60歳時点の賃金に比べ64％未満
　→対象月に支払われた賃金の25％
② 対象月に支払われた賃金が60歳時点の賃金に比べ64％以上85％未満

$$-\frac{16}{21} \times 対象月に支払われた賃金額 + \frac{13.6}{21} \times 60歳時点の賃金の額$$

③　対象月に支払われた賃金が60歳時点の賃金に比べ85％以上
　→　支給されない
④　対象月に支払われた賃金額＋高年齢雇用継続給付金≧38万5,635円
　→　38万5,635円 － 対象月に支払われた賃金額
⑤　高年齢雇用継続給付金として算定された額が1,712円以下
　→　支給されない

いつ　60歳から64歳までの賃金が、60歳到達時の賃金に比べ15％以上低下したとき
提出期限　最初の支給対象月の初日から起算して4か月以内
2回目以降は、2か月ごとに指定された月
どこに　事業所を管轄する公共職業安定所
届出　高年齢雇用継続給付支給申請書
添付書類　60歳到達時等賃金証明票。労働者名簿。賃金台帳。出勤簿。
ポイント
**支給期間**　被保険者が60歳に到達した月から65歳に達する月まで
**支給申請書の提出**　被保険者が行います。ただし、過半数の労働組合（もしくは過半数代表者）と書面を結ぶと、事業主が代わって申請書を提出できます。

# 高年齢再就職給付金

対象者　次の①②の条件を満たす者
①　60歳以上65歳未満で再雇用された被保険者であって、再雇用される直前の離職時に、被保険者期間が通算して5年以上ある人
②　基本手当の支給残日数が100日以上あり、60歳時点の賃金に比べ85％未満の賃金で就労している人
**支給期間**　再就職した日の前日における支給残日数に応じた次の期間

ただし、被保険者が65歳に達したときは、65歳に達した月までになります。

| 基本手当の支給残日数 | 支給期間 |
| --- | --- |
| 100日 | 1年間 |
| 200日 | 2年間 |

## 60歳到達時賃金証明書 の作成

　従業員が、60歳に到達した時は、「雇用保険被保険者60歳到達時賃金月額証明書」を提出します。この賃金証明書は、60歳到達後に賃金が低下しない従業員についても必要です。

### 賃金証明書の目的
① 　高年齢雇用継続給付金が受けられるかの確認
② 　60歳以後に離職した場合、その基本手当の日額は、「60歳時の賃金」か「離職前6か月の賃金」か、いずれか高い方の賃金をもとに計算されます。つまり、離職時に備えて提出させます。

いつ　60歳に到達したとき
提出期限　60歳に到達した日（誕生日の前日）の翌日から起算して10日以内
どこに　事業所を管轄する公共職業安定所
届出　雇用保険被保険者六十歳到達時賃金月額証明書
雇用保険被保険者60歳到達時賃金日額登録届・高年齢雇用継続給付受給資格確認票
添付書類　労働者名簿。賃金台帳。出勤簿。雇用保険適用事業所台帳。年齢が証明できる書類
ポイント　60歳に到達した日において算定基礎期間が5年未満であった者については、5年に達したときに再度、賃金証明書を提出します。

（公共職業安定所から通知されます）

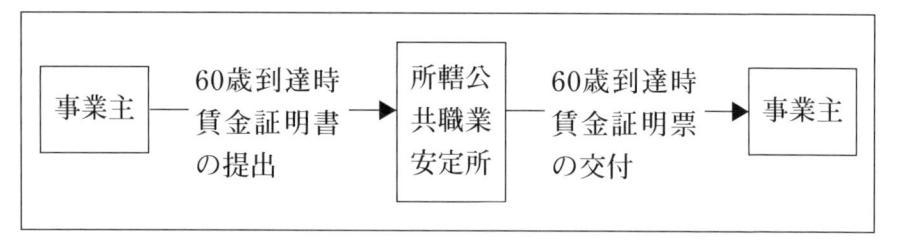

事業主 →60歳到達時賃金証明書の提出→ 所轄公共職業安定所 →60歳到達時賃金証明票の交付→ 事業主

## CD-Ⅰ-30頁　雇用保険被保険者60歳到達時賃金月額証明書

雇用保険被保険者六十到達時賃金月額証明書（事業主控）

| ① 被保険者番号 | 2202-120325-1 | ③ フリガナ | ササキ スエオ |
|---|---|---|---|
| ② 事業所番号 | 2202-450581-1 | 60歳に達した者の氏名 | 笹木　末男 |

| ④ 事業主 | 名称 | 株式会社日本シャーロック 〒430-7710 浜松市板屋町浜松アクトタワー（10階） 電話番号 053-456-7890 | ⑤ 60歳に達した者の住所又は居所 | 〒433-8105 浜松市三方原町3215-1 電話番号（430-468-1365） |
|---|---|---|---|---|

| ⑥ 60歳に達した日等の年月日 （被保険者区分変更年月日の前日） | 平成 13年 12月 12日 | ⑦ 60歳に達した者の生年月日 | 昭和 16年 12月 13日 |
|---|---|---|---|

事業主　住所　浜松市板屋町浜松アクトタワー（10階）
　　　　氏名　株式会社日本シャーロック
　　　　　　　代表取締役社長　山名　一太郎

60歳に達した日等以前（被保険者区分変更の日前）の賃金支払状況等

| ⑧ 60歳に達した日等に離職したとみなした場合の被保険者期間算定対象期間 | ⑨ ⑧の期間における賃金支払基礎日数 | ⑩ 賃金支払対象期間 | ⑪ ⑩の基礎日数 | ⑫ 賃金額 Ⓐ / Ⓑ / 計 | ⑬ 備考 |
|---|---|---|---|---|---|
| 短時間以外・短時間 60歳に達した日等の翌日（被保険者区分変更日）12月13日 | | | | | |
| 11月13日～60歳に達した日等（被保険者区分変更日の前日） | 30日 | 11月21日～60歳に達した日等（被保険者区分変更日の前日） | 22日 | 559,670 | |
| 10月13日～11月12日 | 31日 | 10月21日～11月20日 | 31日 | 559,670 | |
| 9月13日～10月12日 | 30日 | 9月21日～10月20日 | 30日 | 559,670 | |
| 8月13日～9月12日 | 31日 | 8月21日～9月20日 | 31日 | 559,670 | |
| 7月13日～8月12日 | 31日 | 7月21日～8月20日 | 31日 | 559,670 | |
| 6月13日～7月12日 | 30日 | 6月21日～7月20日 | 30日 | 559,670 | |
| 5月13日～6月12日 | 31日 | 5月21日～6月20日 | 31日 | 579,083 | |
| 4月13日～5月12日 | 30日 | 4月21日～5月20日 | 30日 | 594,182 | |
| 3月13日～4月12日 | 31日 | 3月21日～4月20日 | 31日 | 575,420 | |
| 2月13日～3月12日 | 28日 | 2月21日～3月20日 | 28日 | 590,466 | |
| 1月13日～2月12日 | 31日 | 1月21日～2月20日 | 31日 | 559,670 | |
| 12月13日～1月12日 | 31日 | 12月21日～1月20日 | 31日 | 550,510 | |
| 11月13日～12月12日 | 30日 | 11月21日～12月20日 | 30日 | 559,670 | |

六十歳到達時賃金月額証明書受理

## 7-3 新たに事業所を設立した場合

### 社会保険の加入手続

　新たに事業所を設立したときは、その事業所が健康保険・厚生年金保険に加入する義務のある「強制適用事業所」か、任意に加入する「任意包括適用事業所」であるかを判断します。

　強制適用事業所であれば、「健康保険・厚生年金保険新規適用届」を提出すると同時に、労働者について「健康保険・厚生年金保険被保険者資格取得届」を提出します。

**強制適用事業所**
① 常時5人以上の従業員を使用する適用業種の個人事業所
② 常時従業員を使用する国又は法人の事業所

**適用事業所とならない事業所（任意適用事業所）**

　非適用業種
① 第一次産業（農業、畜産、水産業等）
② サービス業（飲食店業、理容、映画等の興行、旅館業等）
③ 法務業（弁護士、会計士、社会保険労務士等の事務所）
④ 宗教業（神社、寺、教会等）

| 法人格<br>業種<br>従業員数 | 個人<br>適用業種<br>（製造、土木建築業等） | 個人<br>非適用業種<br>（農林水産業、サービス業等） | 法人<br>すべての業種 |
|---|---|---|---|
| 常時5人以上 | 強制適用事業所 | 任意適用事業所 | 強制適用事業所 |
| 常時5人未満 | 任意適用事業所 | 任意適用事業所 | 強制適用事業所 |

## 強制適用事業所の場合

`いつ`　新しく会社を設立した時、新たに支店等をつくった時
`提出期限`　適用事業所となったときから5日以内
`どこに`　事業所を管轄する社会保険事務所又は健康保険組合
`届出`　健康保険・厚生年金保険　新規適用届
`添付書類`　新規適用事業所現況届。法人登記簿謄本。土地・建物賃貸契約書の写し。営業・就労状況のわかる書類。被保険者資格取得届

## 任意適用事業所の場合

`いつ`　任意適用事業所が加入するとき
`提出期限`　任意加入を希望するとき
`どこに`　事業所を管轄する社会保険事務所又は健康保険組合
`届出`　健康保険　任意包括被保険者認可申請書・厚生年金保険　任意適用認可申請書
`添付書類`　「健康保険　任意包括被保険者資格取得同意書・厚生年金保険　任意包括適用同意書」ほか、強制適用事業となる場合の添付書類と同じ
`ポイント`　任意加入をするには従業員の同意が必要になります。
事業所において、適用除外者を除いた、従業員の2分の1以上の同意が必要です。その後、適用事業所となった場合は、適用除外者を除き、任意加入に同意をしなかった人(反対した人)も含めて被保険者になります。
＊適用除外者とは（P 42参照)
H 15.4～　健康保険法では任意包括被保険者という名称がなくなります。したがって、書類の名称が変わることが予想されます。

任意適用事業所の被保険者の扱いは、強制適用事業所の加入者とほとんど同じです。違う点は、任意適用事業所は、被保険者全体の4分の3以上の同意があれば、いつでも、社会保険庁長官の認可を受けて全員脱退することができることです。ただし、健康保険では、脱退後は、任意継続被保険者になることができません。

## 労働保険の加入手続

　社会保険では、健康保険に加入する事業は厚生年金保険にも加入していました。労働保険は違います。労災保険と雇用保険では、適用事業の範囲が異なります。

　労災保険　労働者を使用する全ての事業は強制的に適用されます。唯一除外されるのが、国の直営事業、非現業の官公署の事業、船員保険の被保険者です。また、農林水産業で一定の条件を満たす事業は暫定任意適用事業とされます。

　雇用保険　労働者を1人でも雇用している事業は、原則として適用事業です。ただし、常時5人未満の労働者を雇用する個人経営の農林水産業は暫定任意適用事業となります。雇用保険の暫定任意適用事業は、労災保険よりも広く認めています(労災保険の方が強制加入の範囲が広いのです)。(P 176参照)

　このように、強制加入の範囲が違うため、労災保険に加入しているが、雇用保険には加入していない会社も登場します。そこで、労災保険・雇用保険の手続を一本化できる事業を一元適用事業と呼び、一本化できず別々に扱う事業を二元適用事業としたのです。

## ▍労働保険保険関係成立届　の作成

| いつ | 労働保険の適用を受けるとき |
| 提出期限 | 保険関係が成立した日から10日以内 |
| どこに | 所轄都道府県労働局（経由先についてはP54参照) |
| 届出 | 労働保険　保険関係成立届 |
| 添付書類 | 法人―法人登記簿謄本　個人―事業主の住民票<br>雇用保険に加入する場合：雇用保険適用事業所設置届、資格取得届 |
| ポイント | その事業が開始された日に、保険関係が成立します。 |

注・要件に該当するだけで保険関係が成立します。届出によって保険関係が成立するわけではありません。継続事業は成立の日から50日以内、有期事業は20日以内に概算保険料申告書を提出します。（P52、55参照）

## ▍労働保険任意加入申請書　の作成

　労働保険は、労働者を1人でも雇用する事業は適用事業です（原則）。けれども、暫定任意適用事業に該当する事業では、労災保険・雇用保険に加入するか否かは、事業主や労働者の意思に委ねられています。

| いつ | 労働保険に任意加入するとき |
| 提出期限 | 任意加入を希望するとき |
| どこに | 所轄都道府県労働局（経由先についてはP54参照) |
| 届出 | 労働保険任意加入申請書 |

**添付書類** 労働者の同意書（雇用保険のみ）
**ポイント** 申請書を提出し厚生労働大臣の認可があった日に、保険関係が成立します。

　**雇用保険**は、保険料の約半分を労働者が負担するため、保険の加入には労働者の2分の1以上の同意を得なければなりません。逆に、2分の1以上の労働者が加入を希望した場合、事業主は雇用保険に加入しなければなりません。

　**労災保険**では、保険料は事業主が全額負担しますから、労働者の同意は不要です。ただし、過半数の労働者が加入を希望するときは、事業主は加入申請をしなければなりません。

## 保険関係を終わらせるには

　労災保険や雇用保険の消滅の申請をし、厚生労働大臣の認可を受けると、その翌日に保険関係は消滅します。ここでも、消滅させるためには労働者の同意が必要です。

　**雇用保険**　労働者の4分の3以上の同意が必要です。

　**労災保険**　労働者の過半数の同意が必要であり、労災保険の保険関係が成立してから、1年以上経過していなければなりません。また、特例による保険給付に係る特別保険料の徴収期間中は、消滅申請はできません。

## 暫定任意適用事業の範囲

|  | 労災保険 | 雇用保険 |
|---|---|---|
| 農　業 | 常時5人未満の労働者を使用する個人経営の事業（ただし、危険又は有害業務については強制加入） | 常時5人未満の労働者を使用する個人経営の事業 |
| 林　業 | 常時労働者を使用せず、年間使用延べ労働者数が300人未満の個人経営 | |
| 水産業 | 常時5人未満の労働者を使用する個人経営の事業で、総トン数5トン未満の漁船によるもの又は河川、湖沼又は特定の水面において主として操業する事業 | |

## 7-4 継続事業が労働保険料の納付を一括したい場合

### 労働保険　継続事業一括申請書　の作成

　労働保険の保険関係は事業所を単位に成立します。1つの会社でも支店・営業所ごとにそれぞれの保険関係を持つことになり、個々に保険関係の事務を処理しています。
　そこで、事業主や政府の事務処理の便宜や簡素化を図るために、これらの事務処理を一つの事業所で一括処理することも認めています。ただし、厚生労働大臣の認可が必要です（継続事業の一括といいます）。

いつ　労働保険料の申告・納付等の事務を一つの事業所で一括処理したい場合　（提出期限無し）
どこに　一括処理を希望する事業所の所在地を管轄する労働基準監督署又は公共職業安定所（どちらに届け出るかはP 54参照）
届出　労働保険　継続事業一括申請書

### 一括できる要件
① 事業主が同一人であること。
② それぞれの事業が、次のいずれか1つに該当するものであること。
　・　二元適用事業で労災保険にかかる保険関係が成立
　・　二元適用事業で雇用保険にかかる保険関係が成立
　・　一元適用事業で労災保険及び雇用保険にかかる保険関係が成立
③ それぞれの事業が、労災保険料率表に係る事業の種類を同じくすること

### 厚生労働大臣の認可の基準
1） 指定事業（一括する事業）において、一括される事業の使用労働者数、賃金の明細が把握できること。
2） 労働保険事務を円滑に処理する事務能力を有していること。
 ＊一括された事業所は保険関係が消滅するため、労働保険料の確定精算を行います。

# 7-5 中小事業主等が労災保険に特別加入する

## 特別加入申請書 の作成

　労災保険は、労働者のための災害補償保険です。当然、労働者は強制加入です。ところが、中小企業の事業主も労災保険に加入することができます。　個人タクシーの運転手や一人親方といわれる大工さんも、災害の発生しやすい危険な仕事に従事しています。かれらも、特別に労災保険に加入することができる制度が準備されています(特別加入といいます)。

|いつ|　中小事業主、一人親方又は海外派遣者が労災保険に加入するとき
|提出期限|　加入を希望したとき（提出期限無し）
|どこに|　労働保険事務組合または事業別の団体を通して所轄労働基準監督署
|届出|　労働者災害補償保険　特別加入申請書
|添付書類|
中小事業主等：労働保険事務処理委託届、特別加入健康診断申出書
　　　　　　（一定の業務を行う者に限る）

一人親方等：定款、規約等(団体の目的、組織、運営等を明らかにする
　　　　　　書類)、業務災害の防止に関する措置等を記載した書類(い
　　　　　　ずれも加入団体が提出)

海外派遣者：開発途上地域に対する技術協力を行う団体では、団体の
　　　　　　目的、組織、運営等を明らかにする書類。代表者等として
　　　　　　派遣される場合には、派遣先の規模等を把握する資料(派
　　　　　　遣先事業に係る労働者名簿写し、派遣先の事業案内等)

不定期に発生する事務手続

**ポイント** 中小企業の事業主が加入するには、使用する労働者も労災保険に加入していなければなりません。自分だけが労災に加入し、従業員は加入しないなどということがないように制限されているのです。加入の際は、労働保険事務組合に事務処理を委託しておく必要があります。

**一人親方**が労災に加入するには、事業別の団体に加入しなければなりません。この団体を通して保険手続がおこなわれます。

**海外派遣者**については、国内の事業が継続事業であれば加入できます。すでに、海外に派遣されている者も含めて特別加入することができます。

(海外派遣者については、国内の事業が有期事業では特別加入できません)

# 7-6 データの活用

## 社労法務システムの紹介

◆データベース情報を取り出し、加工することもできます

データ作成の項目を選択します。

記号で出力するのか名称で出力するのかを選択します。→名称で出力
（記号とは、たとえば→男性＝1 女性＝2 の場合等）
データに名前を付けて、データ作成を実行します。

　　　　　　　　　　　　　　　　個人データ一覧表．ｃｓｖの作成

◆Excelで「個人データ一覧表」を開きます

| 個人コード | 氏名 | 氏名フリガナ | 郵便番号 | 住所 | 住所フリガナ | 性別 | 生年月日 | 入社年月日 | 入社区分 | 雇用形態 |
|---|---|---|---|---|---|---|---|---|---|---|
| 1 | 山名 一太郎 | ヤマナ イチタロウ | 438-0077 | 静岡県磐田 | シズオカケンイ | 男性 | 1946/1/1 | 1993/12/15 | 普通 | 正社員 |
| 2 | 山城 伸也 | ヤマシロ シンヤ | 431-0424 | 静岡県湖西 | シズオカケンコ | 男性 | 1962/7/10 | 1996/12/15 | 普通 | 正社員 |
| 3 | 川上 武 | カワカミ タケシ | 438-0078 | 静岡県磐田 | シズオカケンイ | 男性 | 1941/3/3 | 1993/12/15 | 中途 | 正社員 |
| 4 | 鈴木 義男 | スズキ ヨシオ | 430-0804 | 静岡県浜松 | シズオカケンハ | 男性 | 1965/4/4 | 1994/4/1 | 普通 | 正社員 |
| 5 | 山田 正 | ヤマダ タダシ | 430-0903 | 静岡県浜松 | シズオカケンハ | 男性 | 1980/6/25 | 1994/4/1 | 普通 | 正社員 |
| 6 | 吉田 一政 | ヨシダ カズマサ | 438-0004 | 静岡県磐田 | シズオカケンイ | 男性 | 1937/7/11 | 1995/2/1 | 普通 | 正社員 |
| 7 | 石川 俊和 | イシカワ トシカズ | 438-0006 | 静岡県磐田 | シズオカケンイ | 男性 | 1970/11/10 | 1995/4/1 | 普通 | 正社員 |
| 8 | 雪島 直樹 | ユキシマ ナオキ | 438-0078 | 静岡県磐田 | シズオカケンイ | 男性 | 1975/5/22 | 1996/6/10 | 普通 | 正社員 |
| 9 | 岡野 秀男 | オカノ ヒデオ | 438-0013 | 静岡県磐田 | シズオカケンイ | 男性 | 1939/6/3 | 1996/6/18 | 中途 | 正社員 |
| 10 | 久保 啓子 | クボ ケイコ | 439-0006 | 静岡県小笠 | シズオカケンオ | 女性 | 1978/11/12 | 1996/7/1 | 中途 | パート |
| 11 | 伏見 真佐子 | フシミ マサコ | 438-0078 | 静岡県磐田 | シズオカケンイ | 女性 | 1975/7/17 | 1997/7/1 | 中途 | 正社員 |
| 12 | 森本 千秋 | モリモト チアキ | 437-0024 | 静岡県袋井 | シズオカケンフ | 女性 | 1970/5/18 | 1997/7/1 | 中途 | 正社員 |
| 13 | 小島 貴美子 | コジマ キミコ | 430-0805 | 静岡県浜松 | シズオカケンハ | 女性 | 1969/9/7 | 1934/7/1 | 中途 | 正社員 |
| 14 | 村上 朝子 | ムラカミ アサコ | 431-0212 | 静岡県浜名 | シズオカケンハ | 女性 | 1958/11/25 | 1997/11/1 | 中途 | 正社員 |
| 15 | 斉藤 真 | サイトウ マコト | 432-8003 | 静岡県浜松 | シズオカケンハ | 男性 | 1938/4/8 | 1998/1/1 | 中途 | 正社員 |
| 16 | 後藤 俊明 | ゴトウ トシアキ | 430-0811 | 静岡県浜松 | シズオカケンハ | 男性 | 1953/7/30 | 1998/1/1 | 中途 | パート |
| 17 | 伴野 明 | バンノ アキラ | 432-8007 | 静岡県浜松 | シズオカケンハ | 男性 | 1953/6/12 | 1998/4/1 | 中途 | 正社員 |
| 18 | 笹木 末男 | ササキ スエオ | 433-8105 | 静岡県浜松 | シズオカケンハ | 男性 | 1941/12/13 | 1999/4/8 | 中途 | 正社員 |
| 19 | 福田 英治 | フクダ エイジ | 435-0008 | 静岡県浜松 | シズオカケンハ | 男性 | 1948/1/10 | 1999/4/8 | 中途 | 正社員 |
| 20 | 井沢 彩 | イザワ アヤ | 433-8102 | 静岡県浜松 | シズオカケンハ | 女性 | 1972/7/19 | 1999/4/8 | 普通 | 正社員 |
| 21 | 小林 祥子 | コバヤシ サチコ | 433-8104 | 静岡県浜松 | シズオカケンハ | 女性 | 1968/8/6 | 2000/2/5 | 中途 | 正社員 |
| 22 | 神田 昌紀 | カンダ マサキ | 438-0102 | 静岡県磐田 | シズオカケンイ | 男性 | 1975/3/21 | 2000/4/1 | 中途 | 正社員 |
| 23 | 安田 晃子 | ヤスダ アキコ | 430-0808 | 静岡県浜松 | シズオカケンハ | 女性 | 1973/8/17 | 2000/5/3 | 中途 | 正社員 |
| 24 | 水木 かおり | ミズキ カオリ | 430-0808 | 静岡県浜松 | シズオカケンハ | 女性 | 1972/7/10 | 2000/6/21 | 中途 | 正社員 |
| 25 | 小泉 純一 | コイズミ ジュンイチ | 430-0842 | 静岡県浜松 | シズオカケンハ | 男性 | 1966/7/30 | 2001/3/26 | 普通 | 正社員 |
| 26 | 西村 幸信 | ニシムラ ユキノブ | 430-0826 | 静岡県浜松 | シズオカケンハ | 男性 | 1970/8/16 | 2001/11/16 | 中途 | 正社員 |

逆に、現在別のデータベースに蓄積されたデータをＣＳＶ形式に保存しますと、「社労法務システム」にデータを移行することもできます。

# 付録
# CD ROMの使い方

## 付録 CD ROM の使い方（付録 CD ROM の説明，使い方及び注意）

付録の CD を CD ドライブにセットして下さい。
しばらくすると下図のようなメニューが自動的に表示されます。

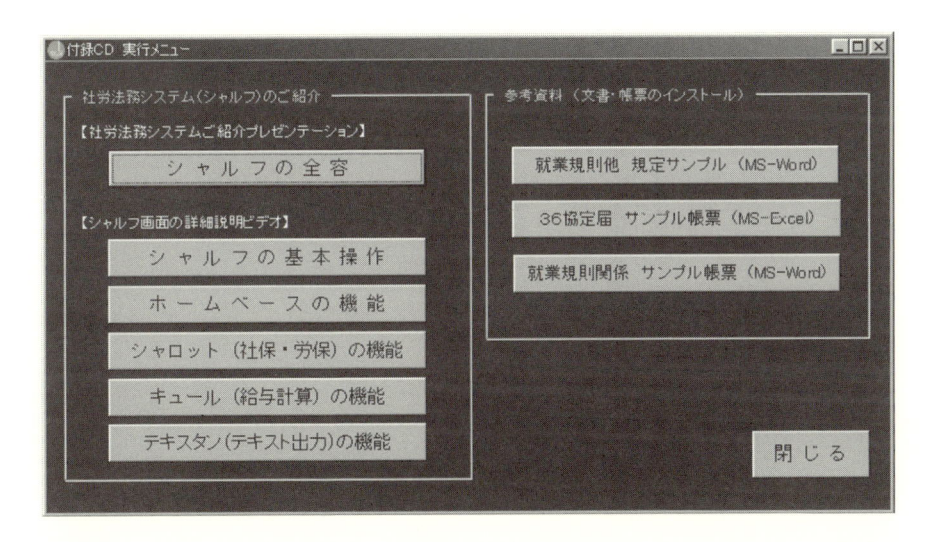

```
付録CD 実行メニュー                                          _ □ ×

┌─社労法務システム（シャルフ）のご紹介──┐  ┌─参考資料〈文書・帳票のインストール〉─┐
│【社労法務システムご紹介プレゼンテーション】│  │                                        │
│         │ シャルフの全容 │              │  │    就業規則他 規定サンプル（MS-Word）   │
│                                          │  │                                        │
│【シャルフ画面の詳細説明ビデオ】           │  │    36協定届 サンプル帳票（MS-Excel）   │
│         │ シャルフの基本操作 │           │  │                                        │
│         │ ホームベースの機能 │           │  │   就業規則関係 サンプル帳票（MS-Word）  │
│         │ シャロット（社保・労保）の機能 │ │                                        │
│         │ キュール（給与計算）の機能 │    │  │                              │閉じる│ │
│         │ テキスタン（テキスト出力）の機能 │ └────────────────────────────────────────┘
└──────────────────────────────────────────┘
```

メニューが自動的に表示されない場合は，以下の手順でメニューを表示させて下さい。
1．デスクトップ上のマイコンピューターをダブルクリックして下さい。

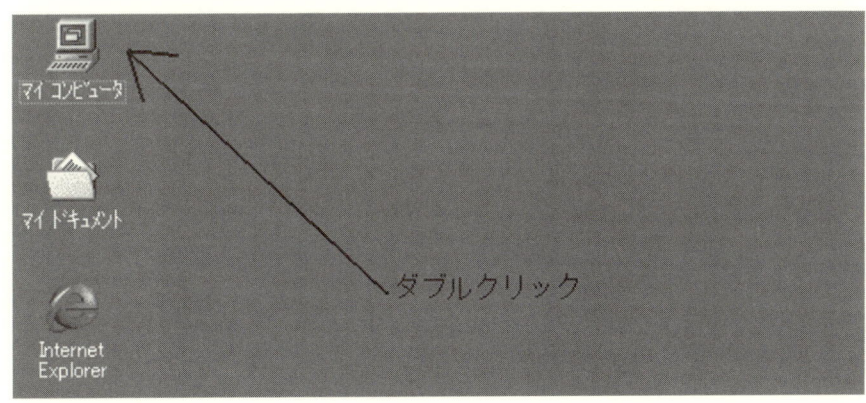

（マイコンピュータ／マイドキュメント／Internet Explorer のアイコン図と「ダブルクリック」の指示）

2．「FurokuCD」という名称の CD アイコンをクリックして下さい。

185

付録 CD ROM の使い方

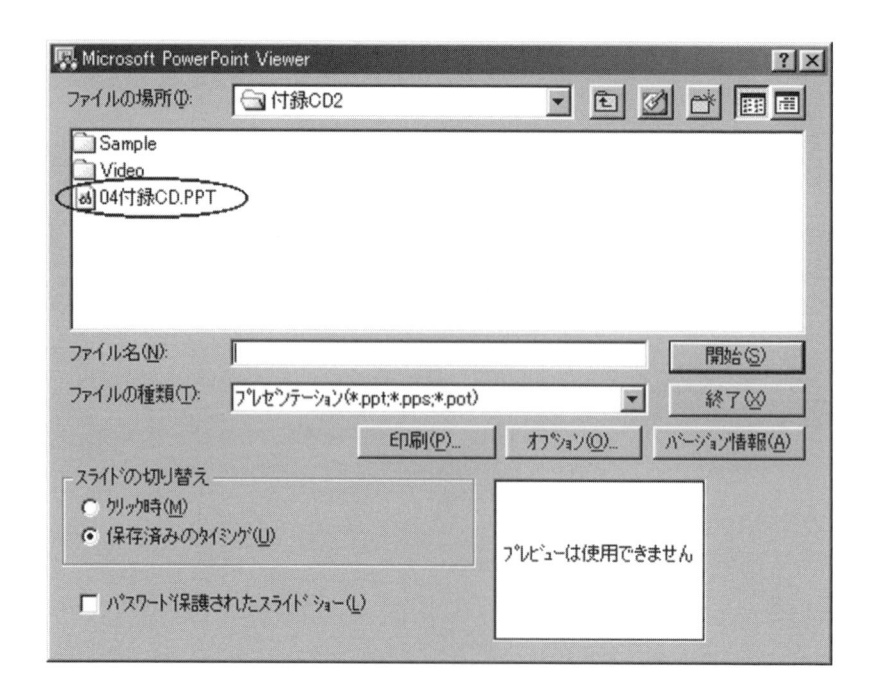

3．赤い円のアイコンの「Menu.exe」をダブルクリックすると，メニューが表示されます。

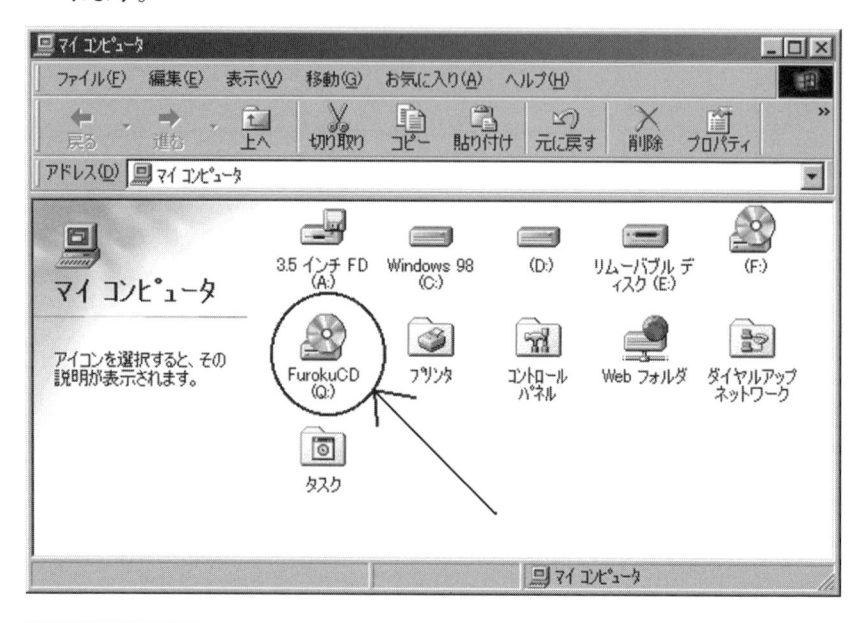

社労法務システムご紹介プレゼンテーション【シャルフの全容】について

「シャルフの全容」ボタンをクリックすると下記の画面が表示されます。

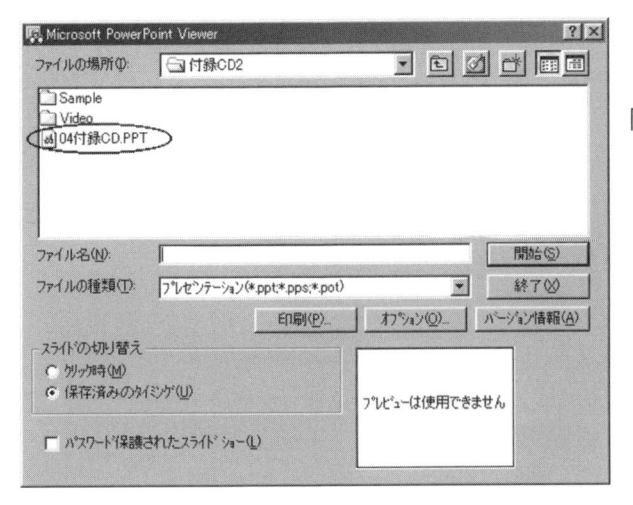

「04付録CD.PPT」をクリックして下さい。

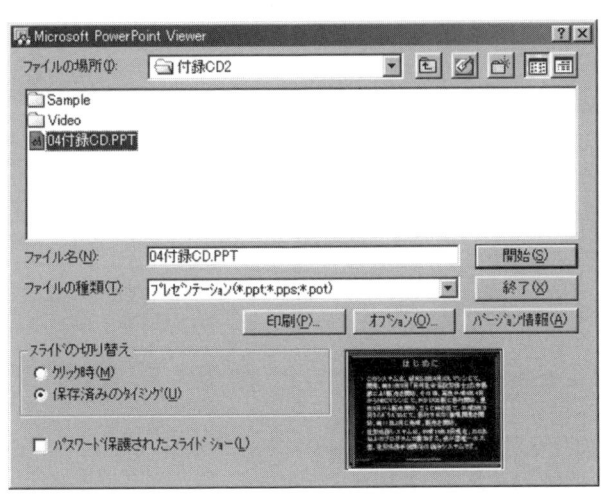

ファイル名の欄に「04付録CD.PPT」の文字が表示されたら、『開始』ボタンをクリックして下さい。

画面下方の「スライドの切り替え」を『クリック時』にすると，プレゼンテーション実行時にマウスをクリックすると次ページに進みますが，『保存済みのタイミング』にすると自動的にある時間が経過すると次ページに進むようになります。

付録 CD ROMの使い方

187

> **はじめに**
>
> - このシステムは、昭和58年4月JDLマシンにて、開発。同61年9月「月刊社会保険労務士」広告掲載により販売を開始。その後、再度平成4年4月からNECマシンにて、MS-DOS版に移行開始、翌年9月から販売開始。さらに時を経て、平成8年8月ウインドウズ95にて、移行ではなく新規開発を開始、同11年2月に完成、販売を開始。
> - 社労法務システムは、平成14年8月現在、250本以上のプログラムで構築する、我が国唯一の大型、社労法務手続関係の統合システムです。

しばらくしますと，

　プレゼンテーションが始まります。

　画面ごとに表示時間が設定してありますので，自動的に進行します。

　画面ごとに表示時間が設定してありますので，そのままご覧いただきますと画面が自動的に変わります。文字の少ない画面は短く，文字数の多い画面は少し長く設定してあります。設定してある時間とは関係なく，次の画面に進みたいときは，画面上で左クリックしますと次の画面に変わります。設定のままで全部ご覧いただくと，終了するまで約20分かかります。途中で止めたいときや，前に戻りたいとき，終了したいとき，ジャンプしたいときは右クリックしますと，指示ができます。

シャルフ画面の詳細説明ビデオ
シャルフの基本操作
ホームベースの機能
シャロット（社保・雇用）の機能
キュール（給与計算）の機能
テキスタン（テキスト出力）の機能

シャルフ画面の詳細説明ビデオについて

『シャルフの基礎操作』〜『テキスタンの機能』の5つのボタンをクリックすると説明のビデオが再生されます。
この際，画面全体が照会ビデオの画面となりますので左下の『スタート』ボタンやデスクトップ上のアイコンは使用できませんのでご注意下さい。
必要に応じて，画面右下のコントロール画面で，一時停止や停止，終了を指定して下さい。

シャルフの製品版では，Windows2000，WindowsXpに対応しておりますが，紹介ビデオ上では，一部の画面で正しく再生されない部分がありますのでご承知下さい。

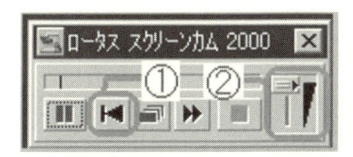

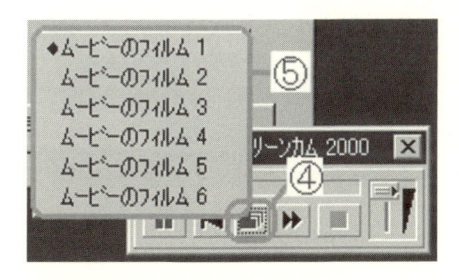

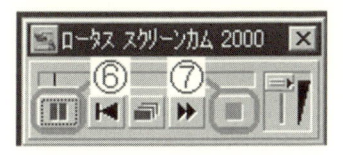

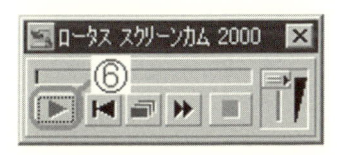

① 前の画面に戻りたいときにクリックします。

② デスクトップの右下のスピーカマークをクリックして，ボリューム調整をしてから②で適宜調整し直してください。

③ ③を押しつづけることによって，画面の進行を早めます。早送りボタンです。

④ クリックしますと，プルダウンメニューが現れます。

⑤ 現れたメニューの中から，選択することができます。もう一度見直したり，跳ばしたりすることができます。

⑥ 進行を一時停止します。停止と同時にカーソルが「鉛筆」の形に変わって，画面上に自由に書き込むことができます。

⑥ 一時停止していた進行を再開します。

⑦ スクリーンを終了します。

⑧ スクリーンを再開します。

⑨ 閉じるボタンです。全てを終了するには最後にもう一回⑨を押しますと，スクリーンカムの，終了です。

189

付録 CD ROMの使い方

**参考資料Ⅰ（本文でご紹介の帳票）**
サンプル帳票の閲覧

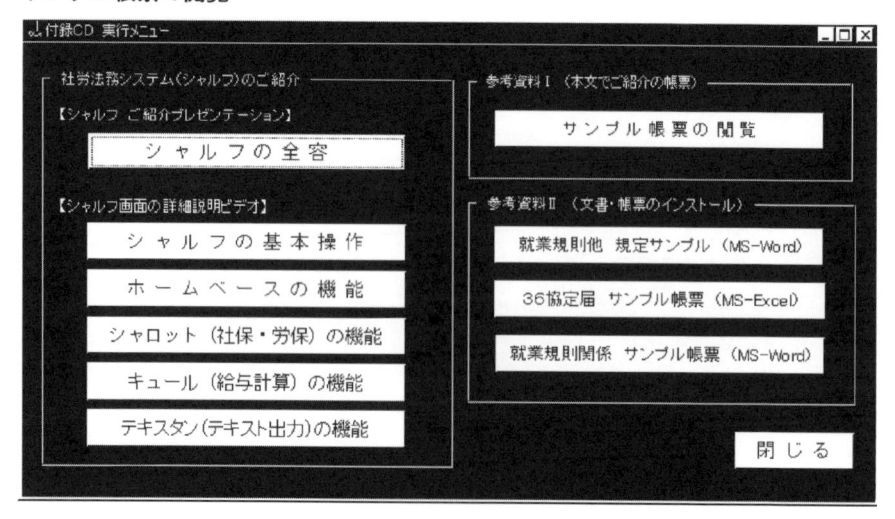

サンプル帳票の閲覧をクリックします。

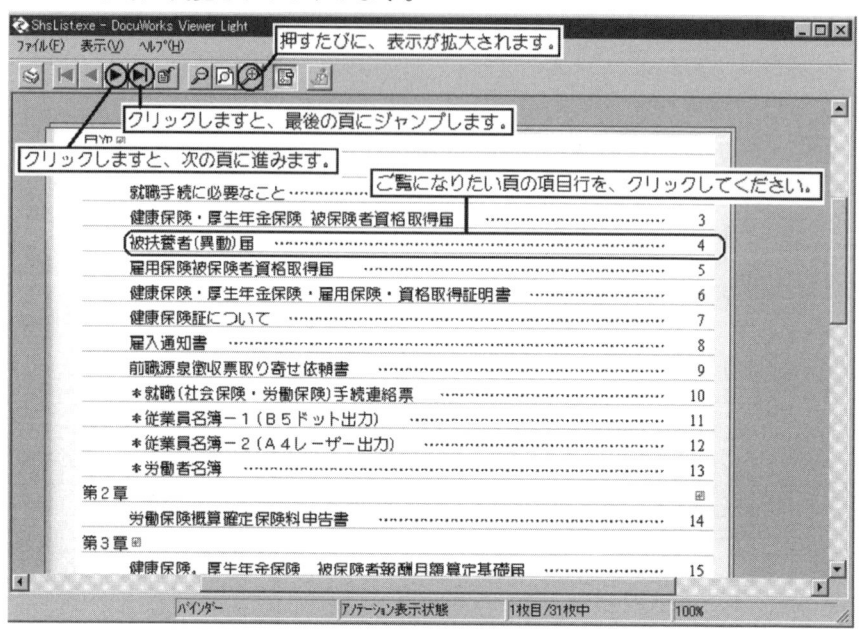

目次を含めて31頁で構成されております。

**画面説明（上図の吹き出し）:**
- ご覧になりたい頁を指定することができます。
- 押すたびに、縮小表示されます。
- 前の頁に戻ります。
- 先頭の頁にジャンプします。
- 印刷ができます。

**目次（上図）:**
第1章
- 就職手続に必要なこと …… 2
- 健康保険・厚生年金保険 被保険者資格取得届 …… 3
- 被扶養者(異動)届 …… 4
- 雇用保険被保険者資格取得届 …… 5
- 健康保険・厚生年金保険・雇用保険・資格取得証明書 …… 6
- 健康保険証について …… 7
- 雇入通知書 …… 8
- 前職源泉徴収票取り寄せ依頼書 …… 9
- ＊就職(社会保険・労働保険)手続連絡票 …… 10
- ＊従業員名簿－1（B5ドット出力） …… 11
- ＊従業員名簿－2（A4レーザー出力） …… 12
- ＊労働者名簿 …… 13

第2章
- 労働保険概算確定保険料申告書 …… 14

第3章
- 健康保険・厚生年金保険 被保険者報酬月額算定基礎届 …… 15

### 終了はどの画面でも

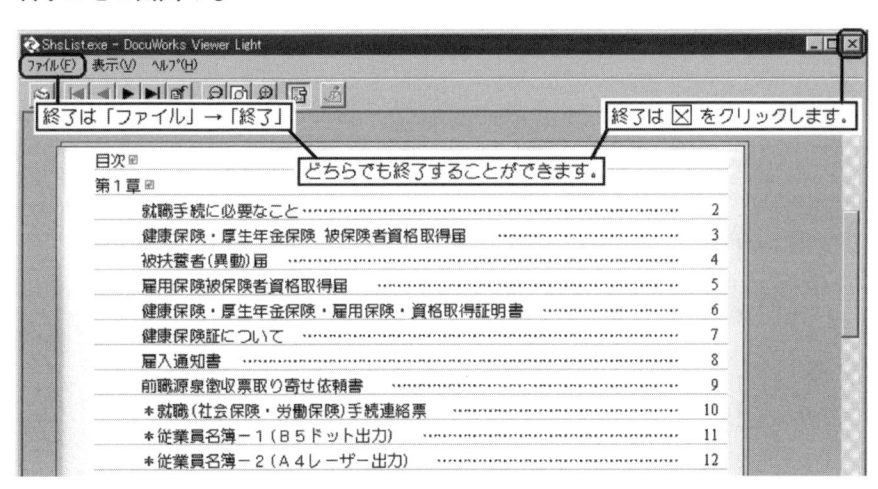

**画面説明（下図の吹き出し）:**
- 終了は「ファイル」→「終了」
- 終了は ⊠ をクリックします。
- どちらでも終了することができます。

**目次（下図）:**
第1章
- 就職手続に必要なこと …… 2
- 健康保険・厚生年金保険 被保険者資格取得届 …… 3
- 被扶養者(異動)届 …… 4
- 雇用保険被保険者資格取得届 …… 5
- 健康保険・厚生年金保険・雇用保険・資格取得証明書 …… 6
- 健康保険証について …… 7
- 雇入通知書 …… 8
- 前職源泉徴収票取り寄せ依頼書 …… 9
- ＊就職(社会保険・労働保険)手続連絡票 …… 10
- ＊従業員名簿－1（B5ドット出力） …… 11
- ＊従業員名簿－2（A4レーザー出力） …… 12

　画面の移動は，カーソルを画面上に置きますと，てのひらのマークに変わります。この状態でマウスを左クリックしますと，手を握って紙をつかむ状態になります。左クリックしたまま上下左右に動かしますと，任意の場所を指定してご覧戴けます。

参考資料Ⅱ（文書・帳票のインストール）
就業規則他　規程サンプル（MS-WORD）
36協定届　サンプル帳票（MS-Excel）
就業規則関係　サンプル帳票（MS-WORD）

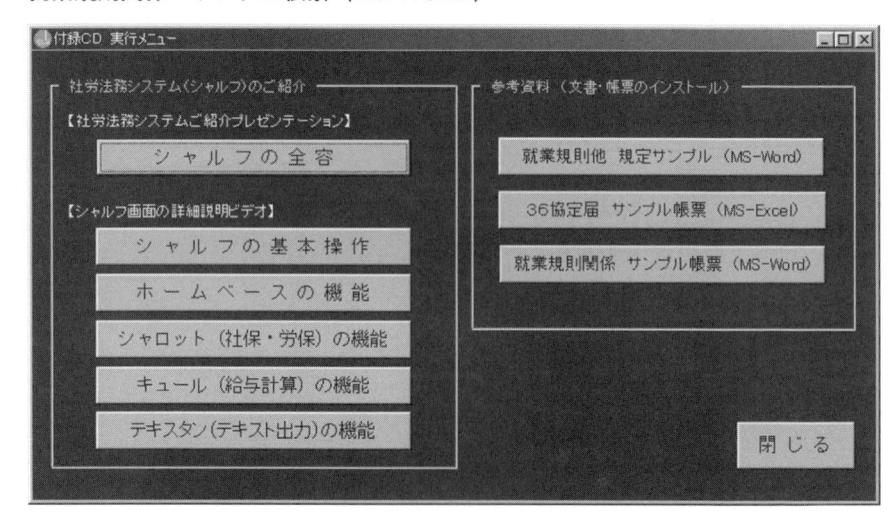

参考資料（文書・帳票のインストール）について

該当のボタンをクリックすると，下図のような画面が表示されます。

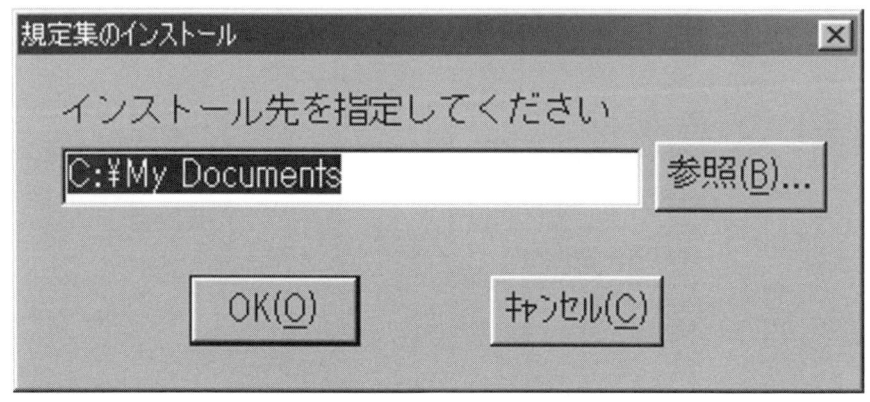

文書や帳票のインストールする場所を指定して下さい。
参照ボタンをクリックすると，下図の画面が表示されインストール先を選択できますので選択後，『OK』ボタンをクリックして下さい。

**時間外労働(36協定)届書の作成のしかた**
　この協定届は,複数を登録することは出来ませんのでコピーを作成して使用して下さい。
　　　　　　　　　操作説明
　　　　　　　　・エクセルで作ってありますので基本操作はエクセルと同じです。
　　　　　　　　・入力可能なセルに入力して下さい。
　　　　　　　　・赤い印のあるセルにカーソルを合わせると入力の例が出てきます.
　　　　　　　　・所定労働時間など時間,分と記入するものは745と入力すると
　　　　　　　　　時間45分と表示されます。直接7時間とも入力可能です。
　　　　　　　　・シートの変更の際は保護の解除をして下さい。
　　　　　　　　パスワードはありません。

**入社連絡票等サンプル帳票**
使えるものがございましたら参考になさってください。

参考資料の使い方

就業規則その他は，一度ハードディスクにコピーしてから，自社の実情に合わせて，手直ししながら仕上げていきます。特に，語句の表現には気をつけてください。例では「会社」「社員」を使いましたが，組織の実情に合わせて「事業所」「従業員」,「医院」「職員」，といった使い分けが必要です。まず最初に語句の使い分けの整備から始めるのが良いでしょう。

ご存じとは思いますが，ワープロ機能の中に，「語句の置き換え」という機能がありますので，利用すれば簡単に，しかも落ちがなく置き換えることができます。この場合，文字数が違う置き換えをしますと，一行の中に収まっている文字数があふれたり，縮まったりしてしまいますから，気をつけてください。本来ならば，条文ごとに「なぜ必要か」「それに代わる言い回しは…」「労働基準法その他の法律との関連…」を解説すべきですが今回はそこまで踏み込みますと，趣旨からはずれてしまいますので次回に譲ることにします。

ワードで掲載の就業規則は給与規程を含めて，変更したり，要注意の項目や語句を「茶色で」示しておりますから，自社の実情に合わせて，加除修正，訂正し終わって，確認しながら順次黒文字に戻していくことが，能率アップにつながります。先に色付けを戻してしまいますと，確認作業がより，大変になります。

時間外労働（36協定）届書の作成のしかた

労働基準法36条に基づく，時間外労働に関する実務で使用できる届け書類をExcelで作成してみました。入力画面を別に作ってデータ入力の方法をとりますと，複雑になりますのであえて，画面を呼び出して直接，必要に応じて入力して頂く（ワープロと同じ使い方）方法をとりました。

この協定届は，複数を登録することは出来ませんのでコピーを作成して使用して下さい。

操作説明

・エクセルで作ってありますので基本操作はエクセルと同じです。

・入力可能なセルに入力して下さい。

・赤い印のあるセルにカーソルを合わせると入力の例が出てきます.

・所定労働時間など時間，分と記入するものは745と入力すると7時間45分と表示されます。直接7時間とも入力可能です。
・シートの変更の際は保護の解除をして下さい。
パスワードはありません。

入社連絡票等サンプル帳票
参考資料／就業規則例・給与規定例・就業規則条文に伴う各種届け書例
　　　　　　使えるものがございましたら参考になさってください。
　　　　　　ここでは就業規則例，給与規程例，就業規則例の中にある条文に伴う，各種届け書である，入社時申告（入社連絡票）書，欠勤届，休日出勤に関する申告書など，参考となる文書を収録しました。就業規則に付属する規程には，退職金規程をはじめとして，旅費規程，慶弔金規程，パートタイマー従業規則，寄宿舎規程，育児休業規程，介護休業規程，車両運用規定等，事業所や事業場，業種，業態によって様々な規程を必要としますが，あえて割愛し給与規定のみを掲げました。

詳細：就業規則例。DOC…1章総則／2章人事／3章勤務／4章給与／5章賞罰／
　　　　　　6章安全衛生／7章教育／8章災害補償／9章雑則　（計114条）
　　　給与規則例.DOC（計41条）
各種届出　　就業規則改訂届書.DOC／就業規則制定届＆意見書.DOC／給与口座振込に関する協定書.DOC／解雇予告通知書例.DOC／欠勤遅刻早退届.DOC／02-4身元保証契約書.DOC／年齢証明願（18歳未満＆児童）.DOC／入社時申告書.DOC／休職・復職願.DOC／休日出勤申請書.DOC／離職票コンピュータ作成承認申請書.DOC／自賠責労災切り替え誓約書.DOC／36協定届サンプル.xls

付録　CD ROMの使い方

195

# 著者紹介

## 著　者

**玉井　徹（たまい　とおる）**

　名古屋学院大学大学院　経済経営研究科修了。税理士、社会保険労務士、行政書士、環境カウンセラー、高年齢者雇用アドバイザー。某中堅電気機器メーカーにて人事課長、人事部長、総務部長、経営企画部長を歴任後、経営会計事務所・労務管理事務所を開業。現在、株式会社未来経営サポート代表取締役。中堅・中小企業の経営・税務顧問をはじめ、経営管理制度構築、経営戦略、経営計画策定支援などを手がける。幅広いネットワークを駆使した経営の参謀役として経営者に定評がある。主な執筆・講演として、「Management Report」（名古屋中小企業投資育成㈱―名古屋投資育成懇話会）、「職業能力開発推進者の泉」（中央職業能力開発協会）、「産業と環境」（㈱オートメレビュー社）、「儲かる社長の経営ビジョン」（イマジン出版㈱）、日本進路指導学会中部部会（シンポジスト）、㈱リクルート「学びウィークin名古屋」（講師）、愛知県職業能力開発協会「職業能力開発促進フォーラム」（講師）など多数。

**髙田　孝之（たかだ　たかゆき）**

　高崎経済大学経済学部卒業。社会保険労務士。昭和44年高田労務管理事務所を開設。昭和50年高田経営労務管理事務所に改称、人事労務管理を主体にした経営コンサルタントとして活躍。昭和58年JDLマシーンにて、社労法務システムの開発に着手、昭和61年同システム完成と同時に株式会社日本シャルフを設立、代表取締役に就任。労働・社会保険事務、給与計算の効率化、オフィスの生産性向上を提唱し、現在250本余のプログラムで「社労法務システム」を構築、全国で活躍している社会保険労務士事務所に導入され、好評を博している。

**新井　美和（あらい　みわ）**

　立教大学法学部卒業。平成7年社会保険労務士資格取得、産能大学の経営開発研究部門、情報システム部門等を経て、現在、株式会社労務経理ゼミナール取締役、労務経理ゼミナール講師、早稲田大学エクステンションセンター講師。主な著書に、SRゼミ「年金Q&A」、「うかるぞ社労士選択予想問題集」厚生年金担当（以上週刊住宅新聞社）、「社会保険届出・申請MEMO」健康保険担当（新日本法規）、「イラストでわかる　知らないと損する年金のもらい方」共著（東洋経済新報社）がある。

## 儲かる経営改革

| | |
|---|---|
| 発行日 | 2002年11月1日 |
| 著　者 | 玉井　徹　（税理士・社会保険労務士・行政書士） |
| | 髙田　孝之（社会保険労務士） |
| | 新井　美和（社会保険労務士） |
| 発行人 | 片岡　幸三 |
| 印刷所 | 倉敷印刷株式会社 |
| 発行所 | イマジン出版株式会社 |

〒112-0013　東京都文京区音羽1-5-8
TEL 03-3942-2520　FAX 03-3942-2623
HP　http://www.imagine-j.co.jp

ISBN4-87299-310-1　C2063　¥1700E

落丁・乱丁の場合は小社にてお取替えいたします。

**好評発売中**

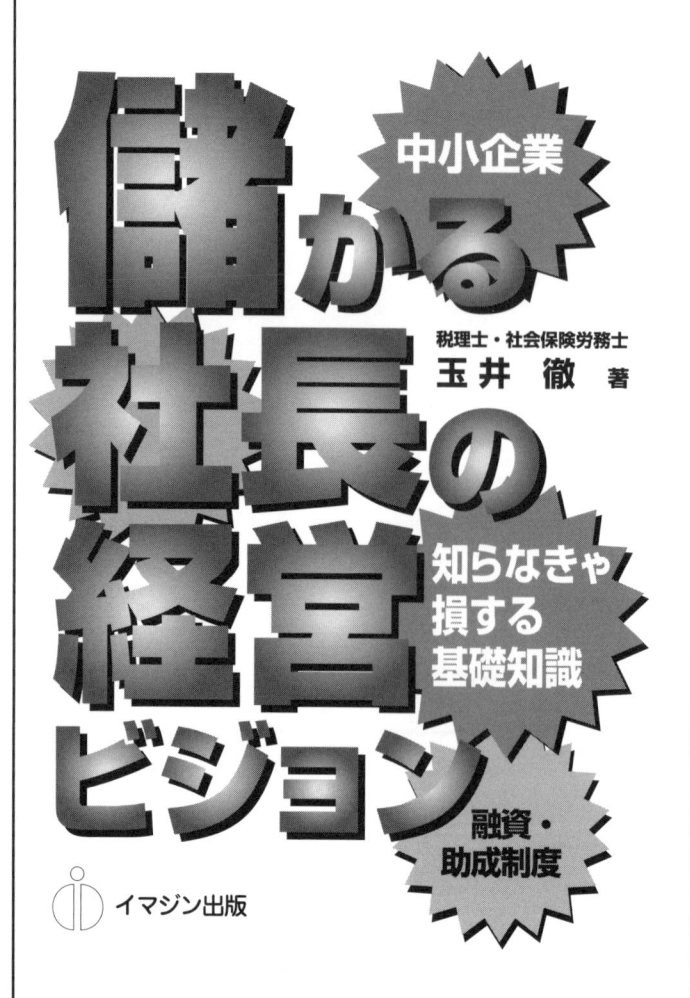

# 儲かる社長の経営ビジョン

中小企業

税理士・社会保険労務士
玉井 徹 著

知らなきゃ損する基礎知識

融資・助成制度

イマジン出版

---

中小企業
**儲かる社長の経営ビジョン**
知らなきゃ損する基礎知識
●融資・助成制度●
税理士・社会保険労務士 玉井 徹 著
イマジン出版

▼第1章 意識を変える
▼第2章 営業システムを変える
▼第3章 金融機関との付き合い方を変える
▼助成金活用で経営合理化

全国の中小企業・雇用相談室窓口を一挙掲載！すぐに役に立つ経営の基礎

A5判128頁 本体価格1300円+税

---

ご購入は書店及び政府刊行物取扱点または下記へお申し込みください。

〒102-0083
東京都千代田区麹町2-3
麹町ガーデンビル6階D号室

**イマジン自治情報センター**

TEL.03-3221-9455
FAX.03-3288-1019

インターネットでのご注文は http://www.imagine-j.co.jp/